원아시아 대변혁

오션이니셔티브

원아시아 대변혁

오션 이니셔티브

OCEAN INITIATIVE

매일경제 오션 이니셔티브 프로젝트팀 지음

매일경제신문사

2013년 3월 매일경제는 국민보고대회를 통해 '원아시아 도시선언'을 발표했다. '균형발전'의 환상을 깨고 도시를 집중 육성하자는 것이었다. 구체적인 액션플랜으로 당시 서울을 창조메가시티로, 부산을 메갈로폴리스로 육성하자는 투트랙 전략을 제시했다. '원아시아 대변혁(One Asia Metamorphosis)'이란 주제로 2013년 10월 개최한 세계지식포럼에서는 도시 관련 강연과 토론의 장을 마련했다. 이어 2013년 11월 열린 제22차 국민보고대회에서는 그 연장선상에서 해양도시 발전을 위한 비전을 제시했다.

서양 문명의 기틀을 마련한 아테네와 그리스, 로마는 물론 세계사의 중심을 차지한 국가들에는 공통점이 있다. 바다를 활용해서 국가의 번영을 일궈냈다는 것이다. 아테네와 그리스·로마는 지중해를, 영국과

5

스페인은 대서양을, 미국은 태평양을 발판으로 삼았다. 중국과 아시아의 부상으로 세계의 중심이 되고 있는 동북아에서도 바다를 놓고 소리 없는 전쟁이 벌어지고 있다.

그러나 대한민국은 아직도 대륙 중심 사고에 머물러 있다. 매일경제는 제22차 국민보고대회를 통해 '바다'를 대한민국의 성장동력으로 삼아야 한다고 선언했다. 바다가 대한민국의 21세기 성장을 이끌어낼 원천이 될 수 있기 때문이다. 시험운항이 이뤄지고 있는 북극항로 개설로 한국과 유럽, 미국의 거리가 획기적으로 줄었다. 또 박근혜 대통령이 밝힌 '실크로드익스프레스(SRX)'가 실현되면 대한민국은 대륙 횡단철도의 출발점이 될 것이다.

아시아 국가들의 해양개발 핵심은 도시다. 중국, 일본, 러시아 등이 각각 상하이, 오사카, 블라디보스토크 개발에 적극적으로 나서는 이유이기도 하다. 한국에서도 바다의 시대를 이끌어갈 도시 개발이 필요하다. 이를 위한 구체적인 액션플랜 3가지를 '오션 이니셔티브'란 이름으로 제22차 국민보고대회를 통해 발표했고, 이 책에 담았다.

매일경제는 지난 1997년 대한민국의 21세기 비전을 '두뇌강국', 즉 '창조적 지식국가'로 설정하고 이를 구체화한 범국민 실천운동으로 국민보고대회를 시작했다. 이후 매년 개최한 국민보고대회를 통해 한국의 미래를 보는 밑그림을 그려왔다.

지난 1997년 첫 국민보고대회 당시 내놓았던 슬로건이 바로 '21세기는 지식이 세상을 지배한다', '창조적 지식강국으로 한국을 재무장하자'는 것이었다. 국민보고대회는 세계적 컨설팅업체, 대학 및 연구기관 등과 함께 지속적인 공동연구를 통해 개인과 기업, 정부 등 각 경제 주체가 어떻게 변해야 하는지를 명확한 수치목표와 구체적 액션플랜으로 제시해왔다.

이번 제22차 국민보고대회도 마찬가지다. 저성장의 암운이 드리운 한국이 새로운 성장의 발판을 마련하고 제2의 경제성장을 일으킬 수 있도록 실천과제들을 구체화한 것이다.

이 책을 통해 바다를 새로운 부와 경쟁력의 원천으로 바라보는 계기가 되었으면 한다. 한국이 원아시아 대변혁을 주도해 태평양 시대의 중심에 설 수 있도록 매일경제는 앞으로도 노력할 것이다.

매경미디어그룹 회장 장대환

지금 한반도를 둘러싼 아시아에서는 해양경제 주도권을 놓고 큰 전쟁이 벌어지고 있다. 중국 정부는 산둥성, 저장성, 광둥성을 '국가급' 해양경제 육성시범구로 지정했고, 러시아는 2025년까지 390조 원을 투자하는 '동시베리아 개발 프로젝트'를 추진 중이다. 일본도 2016년까지 대 수심 항만을 현재의 4배로 늘리는 '일본 재부흥 정책'을 내놨다.

이들 해양개발계획의 핵심에는 도시가 있다. 중국은 상하이를 자유무역지대로 지정했으며, 러시아는 블라디보스토크를 동북아 물류·에너지 허브로 육성하고 있다. 도쿄, 싱가포르, 홍콩도 하루가 다르게 변모하고 있다.

동북아 중심에 위치해 해양 경쟁에서 천혜의 조건을 갖추고 있는 한국은 그러나 바다로 인해 창출되는 이 새로운 시장, 새로운 변화에 눈을 감고 있다. 2시간 비행거리 내에 사는 인구만 5억 명, 이들 지역의 GDP만 따져도 5조 8,000억 달러인데 이를 간과하고 있는 것이다. 부산을 단순히 지방 항만도시 가운데 하나로 볼 것이 아니라 서울과 연계해 한국경제의 양대 축으로 키워야 하는 이유다.

매일경제는 2013년 3월 제21차 국민보고대회를 통해 서울과 부산을 양축으로 대한민국을 발전시키자는 '투트랙' 전략을 밝혔다. 그리고 그 연장선상에서 동년 11월 제22차 국민보고대회를 통해 부산을 중심으로 하는 '오션 이니셔티브 3대 제언'을 공개했다.

오션 이니셔티브 3대 제언은 물류삼합(트라이포트, Triport), 크루즈시티(Cruise city), 초대형 항만도시군(메갈로포트폴리스, Megaloportpolis) 건설이다. 항공 수송 기능이 절대적으로 부족한 부산에 신공항을 건설해 육·해·공 물류 중심도시로 만들자는 것이 핵심이다.

부산에 하늘, 땅, 바다를 모두 연결하는 트라이포트를 만들고 부산을 중심으로 크루즈시티와 초대형 항만도시군을 건설한다면 막대한 경제적 이익을 얻을 수 있다. 물류, 관광 등의 분야에서 약 70조 원의 국부 증가 효과와 37만 개의 일자리 창출을 기대할 수 있다. 이것이 바로 창조경제다. 더 나아가 아시아지역 역내 통합을 가속화시켜 '원아시아 대변혁'을 위한 초석을 다질 수 있을 것이다.

《원아시아 대변혁 - 오션 이니셔티브》는 매일경제 비전코리아 국민보고대회 프로젝트팀과 글로벌 컨설팅 회사인 아서디리틀(ADL)이 2013년 6월부터 5개월 동안 글로벌 취재와 각계 전문가들의 자문을 받아 완성했다.

이 책에서 제시한 액션플랜들은 각계의 취재와 경쟁력 분석, 그리고 부산도시선언을 토대로 만들어진 것이다. 대한민국이 해양강국으로 가기 위한 3대 제언을 비롯해, 원아시아 오션 이니셔티브를 실행하기 위한 내용을 주로 다뤘다.

아울러 대한민국이 해양강국이 되고 원아시아의 바다 주도권을 잡을 수 있는 구체적인 실천 방안들도 담았다. 정부와 지자체, 산업계, 그리고 국민들이 함께 진지하게 고민하고 노력할 수 있는 계기가 되기를 기대해본다.

매일경제 오션 이니셔티브 프로젝트팀

현오석 **부총리 겸 기획재정부 장관**

　지난 15년간 '비전코리아 프로젝트'는 우리 경제의 당면과제들을 날카롭게 분석하고 'Creative Korea', 'Smart Korea' 등 우리 경제가 나아가야 할 방향을 마치 내비게이션처럼 제시해 주었습니다. 이번 국민보고대회를 통해 논의된 '오션 이니셔티브(Ocean Initiative)'도 해양수산부문의 창조경제 실현방안을 모색하는 매우 시의적절한 논의라고 생각됩니다.

　우리나라는 중국, 러시아 등 대규모 신흥시장에 대한 접근성이 높고 한류의 영향으로 국가이미지도 선양되어 해운·관광 등 해양산업에서 막대한 잠재력을 보유하고 있습니다.

11

정부는 '해양이야말로 한국경제라는 배가 항해해서 도착해야 할 신대륙'이라고 생각합니다. 박근혜 정부가 5년 만에 해양수산부를 부활하고 북극항로 개척과 신산업 창출 및 해양관광·레포츠산업 육성 등을 추진하고 있는 것도 이런 이유에서 입니다.

2013년 7월에는 '전략관광산업 육성방안'을 통해 국내외 크루즈 유치 확대 및 숙박·쇼핑 등 배후관광 인프라 구축방안을 마련하여 크루즈산업의 고부가가치화에 나섰습니다. 또한 조선·해운 등 전통산업을 미래산업화하기 위해 '해양플랜트산업 발전방안'을 마련했고, 북극항로를 적극적으로 개척하여 국내 최초로 시범운항에 성공하기도 하였습니다.

'해양수산 신산업 육성전략'과 'e-내비게이션 대응전략' 등을 통해 ICT·BT에 의한 해양 신산업 창출방안도 발표했으며, 해양생명공학·극지연구 등 R&D예산을 늘려 신성장동력 창출을 촉진하고 있습니다.

정부의 이러한 노력에 덧붙여 이번 국민보고대회에서 발표한 '오션이니셔티브'와 같은 거시적인 발전전략이 가미된다면 해양부문의 잠재력을 현실화하는 시기가 더욱 빨라질 것입니다.

공항·철도·항만을 연계한 물류시스템 구축, 크루즈시티 건설 등 오늘 제시된 방안들의 추진가능성을 향후 심도 있게 검토하도록 하겠습니다. 이런 방안이야말로 정부가 추진 중인 유라시아 구상의 첫 단추일 수도 있기 때문입니다.

존 F. 케네디(John F. Kennedy)는 "우리에겐 존재하지 않는 것을 꿈

꿀 수 있는 사람이 필요하다"고 말했습니다. 해양강국 달성을 비롯하여 우리 경제의 차세대 성장동력을 모색하는 지금이 바로 존 F. 케네디가 말한 창의성이 필요한 시점이라 생각합니다.

매일경제의 '비전코리아 프로젝트'가 현존하지 않지만 성공가능성 높은 창의성의 요람으로 자리잡고, 박근혜 정부 창조경제의 길라잡이가 되어주길 기대합니다.

윤진숙 해양수산부 장관

제 22차 비전코리아 국민보고대회의 개최를 진심으로 축하드립니다.

이번 보고대회가 '오션 이니셔티브'라는 주제로 마련되어 더욱 의미가 깊은 것 같습니다. 무엇보다도 해양강국으로서 발전하기 위한 비전의 수립이 필요하다는 것에 대해서 많은 분들의 공감대가 형성되는 것 같아 매우 기쁘게 생각합니다.

보고서의 발표와 부산도시선언은 매우 중요한 내용을 담고 있었습니다. 그중에는 정부에서도 대책 마련의 필요성을 인식하고, 정책적으로 고심하고 있는 부분들도 상당히 있었습니다.

특히, 육해공을 연결하는 물류삼합의 구축과 이를 통한 시너지 효과 창출은 국가차원의 전략적 접근이 필요하다고 생각합니다. 동남권을 동북아 물류의 전진 기지로 발전시켜 나가기 위해서는 항만을 중심으로 복합 운송체계를 구축해야 할 것입니다. 또한, 이를 통해 동북아 물류 흐름을 예측하고 미래를 전망하는 큰 그림을 그릴 수 있어야 합니다.

최근 대통령께서 말씀하신 유라시아 이니셔티브 구상은 이러한 고민의 발로라고 할 수 있습니다. 유라시아 철도의 연결뿐만 아니라 북극항로 상용화는 우리나라가 동북아 물류의 거점으로 성장할 수 있는 좋은 기회가 될 것으로 확신합니다. 앞으로 해양수산부는 북극항로의 적극 개척으로 '유럽-아시아' 간 물류 패러다임의 전환을 유도하고, 시베리아 익스프레스와 시너지 효과를 낼 수 있는 항만 물류 체계를 준비해 나갈 것입니다.

크루즈산업 육성 역시 말씀하신 바와 같이 매우 중요한 문제라고 할 수 있습니다. 지난 10년 동안 세계 크루즈시장은 연평균 10% 이상의 성장률을 보여 왔습니다. 특히, 동북아 크루즈시장의 성장의 영향으로 최근 3년간 국내 크루즈시장은 4배가 넘는 성장률을 보였고, 2014년은 2013년에 비해 기항횟수는 2배, 방문객은 약 2.5배 증가할 것으로 예상되고 있습니다. 이러한 크루즈시장은 분명 우리에게 새로운 기회로 작용할 것입니다.

그럼에도 불구하고, 우리나라는 아직 크루즈산업의 기반이 취약한 것이 사실입니다. 인접한 싱가폴이나 상해처럼 대규모 시설이나 전문 인력이 부족하고, 관련 인프라도 많이 취약합니다. 해양수산부는 이러한 문제점을 인식하여 관계기관들과 함께 2013년 7월 정부합동 크루즈산업 활성화 대책을 수립하여 체계적 이행을 준비하고 있습니다. 발표에서도 나왔던 크루즈 모항의 개발뿐만 아니라, 국내 크루즈 선사의 육성 방안도 모색하고 있으며, 싱가폴 마리나 베이샌즈와 같은 복합 리조트의 유치도 검토하고 있습니다. 다만, 국내외 조선·해운 시장 및 크루즈시장의 변화에 대한 철저한 분석을 병행하여 내실 있는 투자가 진행 될 수 있도록 유도할 계획입니다.

영호남 초대형 항만 도시군 역시 항만 지역 발전을 위해 좋은 방안이라 생각됩니다. 해양수산부에서도 영호남 항만 지역의 균형 발전을 위해 주요 항만들의 발전전략을 수립하여 체계적으로 개발을 유도하고 있습니다.

울산항 오일허브 구축 전략을 비롯하여 부산 북항의 재개발, 광양항 활성화 대책 등은 이러한 취지에 맞게 진행되었던 것입니다.

특히, 2013년 11월 있었던 울산항 동북아 오일허브 기공식에는 대통령도 참석, 항만물류를 통한 제2의 경제 도약을 강조하기도 하였습니다. 정부에서도 우리나라 경제 성장을 이끌어 온 항만의 중요성을 잘 알고 있음을 관계자분들께서도 인지해 주시길 부탁드립니다.

'오션 이니셔티브'라는 주제로 마련된 제22차 비전 코리아 국민 보고에서 해양강국의 희망을 보았습니다.

5억 인구와 약 6조 달러에 달하는 '원아시아' 시장을 점유하자는 구상은 정말 시의적절한 제안이라 생각합니다. 해양수산부는 급성장하는 원아시아 시장을 선점하고, 바다를 통한 국부 창출을 위해 치열한 고민을 해 나가겠습니다. 또한, 이를 통해 해양강국의 장기 비전을 수립하고, 범정부 차원에서의 노력을 다할 것을 약속드리겠습니다.

해양수산부는 해양강국으로의 도약을 위해 다양한 정책을 통해 일자리와 부가가치를 창출해 낼 것입니다. 이를 위해 해양신산업을 육성하고, 수산·해운 등 전통산업의 미래 산업화를 꾸준히 도모하여 새로운 성장 동력을 바다에서 찾아내겠습니다. 여러분들께서도 해양수산부의 정책에 끊임없이 관심과 격려를 부탁드리겠습니다.

허남식 **부산광역시장**

매일경제의 제22차 국민보고대회에서 우리나라의 미래 발전동력으로 '오션 이니셔티브'가 제시된 것은 시의적절하고, 세계적인 흐름에 부합된다고 생각합니다. 이번 보고대회에서 제시된 비전과 전략이 국정에 적극 반영되어 우리나라가 해양 중심의 창조경제시대를 열어갈 수 있기를 바랍니다.

부산은 '동북아시대의 해양수도'를 도시비전으로 하여 해양산업을 비롯한 미래 신성장동력산업을 적극 육성, 세계적인 도시로 발전하기 위한 기틀을 다지고 있습니다.

이번 국민보고대회 보고서 중에 상하이, 홍콩, 싱가포르와 같은 세계 물류중심도시들은 공통적으로 항만과 공항이 근접해 있는 복합물류운송체계를 갖추고 있다는 지적이 있었습니다. 부산이 세계적인 해양도시들과의 치열한 경쟁 속에서 살아남기 위해서는, 세계적인 항만시설을 갖춘 부산신항과 연계하여 김해공항의 한계와 장애를 뛰어넘는 신공항 건설이 반드시 필요하다고 생각합니다.

부산이 국가 남부권의 중심도시로서 세계적인 물류도시와 글로벌 거점도시를 목표로 대(大) 부산계획을 완성시켜 가야 한다는 '부산도시선언'은 굉장히 감명 깊었습니다. 이번 국민보고대회에서 제시한 부산도시선언처럼, 부산은 한반도의 관문도시에서 세계의 희망으로 재탄생하는 데 온 역량을 결집해 나갈 것입니다.

도시의 경쟁력이 국가 경쟁력을 좌우하는 시대에, 부산이 해양 창조경제의 중추 역할을 다할 수 있도록 많은 관심과 성원을 부탁드립니다.

Contents

⋮

대한민국의 현주소

Part 3 해양강국 코리아를 향한 전략

Part 1

창조의 바다,
번영의 바다

원아시아 실현의 성공 열쇠
'바다'

21세기 들어 전 세계에서 바다를 두고 해양 전쟁이 벌어지고 있다. 미국, 러시아를 비롯해 중국, 일본 등 한반도를 둘러싼 주요 국가들은 해양경제 활성화를 위해 해양연구개발(R&D) 투자와 해양산업 발전을 위한 정책 지원을 아끼지 않고 있다.

특히 세계경제의 중심으로 떠오른 태평양은 미래 주도권을 겨냥한 동아시아 각국의 각축장이 되고 있다.

미국은 오바마 정부 출범 이후 해양·녹색산업에 500억 달러 이상의 투자 계획을 세웠고 러시아도 2007년 항만도시 블라디보스토크 개발을 위해 '극동·자바이칼 지역 경제·사회 개발 연방 특별 프로그램'을 마련해 추진 중이다.

동북아시아의 움직임도 활발하다. 중국은 1990년대부터 해양자원 개발과 해양산업 육성 등을 위한 법령들을 제정하고 최근 '국가해양사

세계 주요국 해양 정책

국가	해양 정책
미국	해양·녹색산업 500만 달러 이상 투자
러시아	극동·자바이칼지역 경제사회 개발 연방 특별 프로그램 추진
중국	국가해양사업발전 12차 5개년 계획 및 전국해양경제발전 12차 5개년 계획
일본	게이힌항과 한신항 등 2개 지역 집중 투자 2020년 아시아 물류거점 육성

업발전 12차 5개년 계획'과 '전국해양경제발전 12차 5개년 계획'을 발표하며 투자 확대에 나서고 있다.

일본도 2010년 새로운 전략 항만 육성 계획을 세우고 도쿄, 가와사키, 요코하마 등 '게이힌항'과 오사카, 고베 등 '한신항'의 2개 지역에 집중 투자해 2020년까지 아시아 최고의 물류거점으로 육성한다는 계획을 세우고 있다.

왜 바다인가

'그리스, 로마, 포르투갈, 스페인, 영국, 미국…'

1,300여 년 전부터 현재까지 바다를 장악하며 전 세계를 지배한 국가들이다.

기원전 5세기 고대 그리스는 페르시아 전쟁에 승리하면서 지중해 해상권을 장악했고 기원전 3세기 로마는 이탈리아 반도를 통일하고 포에니 전쟁을 통해 지중해 해상권을 지배했다. 이 전쟁은 로마가 이탈리아 반도를 넘어 지중해를 중심으로 '제국'을 건설한 계기가 됐다. 15~16세기는 스페인과 포르투갈의 시대였다. 신대륙 발견 후 오대양을 지배한 두 국가는 대서양의 해상권을 장악하며 전 세계 부를 축적했다.

19세기는 영국의 무대였다. 영국은 1805년 스페인 남쪽 트라팔가에서 벌어진 해전에서 나폴레옹이 지휘하던 프랑스와 에스파냐 연합군을 격파하고 해상 무역을 장악했다. 스페인과 포르투갈에 비해 유럽의 변방에 불과하던 영국은 해양 무역을 장악하고 18세기 산업혁명의 중심지가 되면서 세계 강대국의 반열에 오르게 된다.

제국주의 시대 식민지 건설이 한창이던 20세기는 미국의 차지였다. 미국은 막강한 해군력을 기반으로 전 세계 강자로 우뚝 섰다. 1898년 미국 함대는 필리핀 마닐라만 해전에서 스페인 함대를 괴멸시키며 인근 해상권을 장악했고, 1942년 일본과 맞붙은 미드웨이 해전에서 승리해 일본을 패망의 길로 접어들게 했다. 그러면서 미국은 태평양의 해상권을 차지했다. 역사적 교훈에 비춰보면, 바다를 지배한 민족과 국가가 곧 역사의 주인공이란 사실을 알 수 있다.

21세기 역시 과거와 다르지 않다. 해상 패권을 놓고 벌이는 바다의 중심만 옮겨졌을 뿐이다. 과거의 바다가 '지중해', 현재의 바다가 '대서양'이라면 미래의 바다는 '태평양'이다.

강성제국의 핵심 성공 요인, 바다

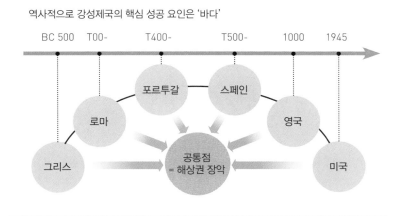

역사적으로 강성제국의 핵심 성공 요인은 '바다'

BC 500　T00-　　　T400-　　　　T500-　　　1000　　1945

그리스　로마　포르투갈　스페인　영국　미국

공통점
= 해상권 장악

자료: ADL

최근 태평양을 끼고 있는 동북아시아의 성장세가 무섭다. 1990년 대비 2010년 유럽, 미국의 국내총생산(GDP), 수출입, 외국인 투자가 감소한 데 비해, 동북아시아의 경우 GDP 2.8%, 수출 3.2%, 수입 5.2%, 외국인 투자 6.0% 각각 증가했다. 전 세계 바다의 중심이 태평양으로 옮겨지고 있다는 방증이다.

이런 상황에서 미래학자들은 신해양시대 도래를 강조하며 이에 대한 대비를 충고하고 있다.

앨빈 토플러는《제3의 물결》에서 해양개발을 정보통신, 우주개발, 생명공학과 함께 제3의 물결을 주도할 4대 핵심사업으로 꼽았다. 자크 아탈리 역시《미래의 물결》에서 "한국이 세계경제를 지배하는 강

27

력한 세력이 되지 못한 3가지 요인 가운데 하나가 '해양산업 소홀'이
다"라고 지적했다.

이미 세계 해양산업은 3조 달러 규모를 넘어섰으며 특히 신재생
에너지, 해양자원개발, 크루즈산업 등의 성장세가 두드러지고 있다.
해양의 내팽개쳐진 보물을 찾기 위한 해양 도시들의 움직임도 활발
하다.

미래의 바다 태평양… '남해안'을 주목하라

남해는 환태평양의 관문이다. 환황해권과 환동해권이 교차하는 동
북아의 요충지이자 영호남을 포괄하는 동서통합의 상징지역이다. 청
정한 바다와 2,546개의 섬, 넓은 갯벌, 특이한 난대성 식생 등 천혜의
자연환경을 보유하고 있다. 한반도에서 가장 따뜻한 지역으로 평균기
온은 14~15℃다.

이처럼 남해는 온화한 기후조건, 수려한 자연경관, 고유한 역사·문
화자원을 관광자원으로 개발할 경우 동북아 관광거점이 될 충분한 잠
재력을 지녔다. 관광인프라 확충과 독특한 자원가치 부각, 자원 간 연
계만 가능하다면 국제적 해양관광 명소로서 경쟁력을 갖출 수 있다.

특히 남해는 우리나라 최대의 기간산업 집적지다. 남해가 보유한
기간산업의 부가가치는 총 41조 원으로 전국의 33.5%를 차지할 정

도다. 이 가운데 조선은 42.1%, 항공은 88.3%, 기계는 30.9%를 차지하고 있다.

또한 부산항, 광양항 등 12개 무역항을 보유한 곳으로, 컨테이너 물동량은 전국대비 85.8%로 매우 높다. 이 같은 남해의 인프라스트럭처는 동북아시아 경제 중심지로 성장할 수 있는 충분한 경쟁력과 잠재력을 지닌 장점으로 꼽힌다. 남해안에 자리 잡은 산업을 보더라도 조선, 기계, 항공우주, 생명 바이오산업 등 세계 10위권의 경쟁력을 갖고 있다.

이 때문에 한국이 동북아 경제 중심지로 도약하기 위해서는 남해안 클러스터링을 통한 집중적인 발전 전략이 필요하다. 특히 남해를 연결하는 부산, 경남, 전남 지역 경제가 함께 생존할 수 있는 초광역권적 연계 협력이 필수다.

초광역권 개발 모델은 이미 세계적으로 나타나는 현상이다. 미국 뉴욕과 일본 오사카, 교토 등은 포괄적인 광역권 경제협력 모델을 시행하며 성공적인 모델로 자리 잡고 있다. 이런 추세에 대비해 남해안 발전을 위한 부산, 경남, 전남의 광역권 협력도 중요 과제다.

예를 들어 남해안권 연계 협력을 통해 관광산업을 전담할 상설기구 구축과 함께 남해안의 여러 관광자원 및 시설, 행사 등을 하나의 패스로 관람·체험할 수 있는 남해안 관광패스 개발 등은 하나의 대안이 될 수 있다.

싱가포르가 '싱가포르 어트랙션 패스(See Singapore Attractions

Pass)'를 통해 싱가포르 내 20개의 관광명소, 투어상품 등을 이용할 수 있는 통합 패스를 운영하고 있는 것을 참고해볼 만하다.

세계는 물류 전쟁 중

세계는 물류 전쟁 중이다. 국가 간·지역 간물류허브 경쟁이 치열해지고 있다. 물류산업도 급성장 중이다. 이 때문에 물류도시 육성은 국가 경쟁력 차원에서도 중요하고 시급한 과제가 됐다.

김율성 부산발전연구원 연구위원이 발표한 〈국제물류도시 부산의 도전과 기회〉를 보면 항만과 공항의 결합은 국제화물의 집적지이자 화물 유통에서 부가가치를 창출하는 필수 인프라스트럭처다. 뉴욕, 싱가포르, 상하이, 로테르담, 두바이 등 글로벌 물류 도시들이 성장하고 발전한 것은 항만과 공항의 결합이 있어 가능했다.

이들 도시는 항만과 공항의 배후부지에 대규모 단지를 조성하고 글로벌 기업을 유치하며 새로운 부가가치를 만들어 냈다. 이 때문에 많은 국가에서 대형 항만과 공항을 중심으로 복합물류시스템을 구축하는 것이 국가 정책 목표가 되고 있다. 세계 주요 공항·항만들은 물류허브의 입지를 다지기 위해 주변에 대규모 물류 단지를 조성하고 수백억 달러의 부가가치를 만들어 내고 있는 것이다.

이 보고서에 따르면 2008년 기준 로테르담은 물류산업으로만 260

2008년 세계 주요물류도시 물류산업 부가가치 비교

260억 달러
로테르담

170억 달러
싱가포르

150억 달러
두바이

34억 달러
부산

자료: 부산발전연구원

억 달러, 싱가포르는 170억 달러, 두바이는 150억 달러의 부가가치를 만들어 냈다. 반면 부산은 34억 달러의 부가가치 창출에 그쳤다.

이처럼 글로벌 물류도시들은 항만과 공항 건설에 주력해 물류허브가 된 공통점이 있다. 로테르담의 경우 석유와 화학 산업을 시작으로 운하와 철도를 직접 연결하는 항만 건설을 통해 서유럽 물류허브로 발전했다. 로테르담항과 스키폴공항의 결합은 GM(제너럴모터스)의 쉐보레와 오펠 부품센터, 삼성전자의 AS 부품센터 등이 들어선 요인이 됐다. 유럽 각국으로 화물이 드나드는 관문 역할을 하기 때문이다. 로테르담은 'Port Vision 2020'을 통해 해양클러스터 조성 등을 위한 다양한 기능으로 변신을 시도하고 있다.

싱가포르도 글로벌 물류허브 전략을 추진하기 위해 항만과 공항 건설에 힘을 쏟았고 이제는 세계 최고의 물류허브 기지로 성장했다. 또 이를 기반으로 싱가포르는 아시아 금융허브로 주목받고 있다.

중동의 두바이가 지금 물류허브로 자리 잡은 것도 국가 주도의 강력한 물류 정책이 있어 가능했다. 이러한 물류 산업의 성장은 비즈니스와 관광산업으로 이어졌고, 이는 다시 금융과 서비스 산업의 성장을 가져오는 선순환 구조를 만들어 냈다.

글로벌 해양 도시들

바다를 활용한 해양도시들은 세계경제를 이끄는 글로벌 도시들이 많다. 뉴욕, 싱가포르, 홍콩, 상하이 등이 대표적이다. 그렇다면 이들 도시는 과연 어떻게 성장했을까?

세계경제의 심장 '뉴욕'

우선 세계의 수도 뉴욕을 살펴보자. 잘 알다시피 뉴욕은 미국 최대 도시이자 항구도시다. 전 세계 상업·금융·무역의 중심지로 인구 1,600만 명에 달하는 이 거대 도시는 대서양 항로의 서단에 위치해 있다.

뉴욕은 항만, 항공, 육상을 잇는 물류삼합(三合)을 갖춘 것이 도시 경쟁력의 최대 강점 중 하나다. 이 중에서도 맨해튼은 뉴욕의 심장으로 꼽힌다. 남북 길이 21.6㎞, 동서로는 3.7㎞로 길쭉한 고구마 모양의 섬인 맨해튼은 월스트리트로 대변되는 세계 자본주의의 중심지다.

뉴욕의 역사는 490여 년 전으로 거슬러 올라간다. 뉴욕은 1524년

이탈리아의 G. 베라차노가 대서양 항해를 하던 중 발견했다. 1609년 영국의 탐험가 H.허드슨이 맨해튼섬을 탐험하고, 뒤이어 네덜란드인이 이 섬의 남단부에 이주하면서 네덜란드의 식민지가 됐다.

1626년 네덜란드 신대륙 식민지의 초대 총독 F. 미누이트가 원주민인 인디언으로부터 맨해튼섬을 매입하면서 뉴암스테르담이라 명명됐다. 매입금액은 60네덜란드길더, 그리고 손도끼와 옷감, 구슬 등이었다. 이를 달러로 환산하면 24달러에 불과했다. 1653년 이곳의 인구는 약 800명에 불과했다.

대서양 유럽항로의 종착지였던 뉴욕은 1700년대부터 본격적인 성장을 시작한다. 1783년 미국 독립군에 의해 재탈환된 뉴욕은 1789년 미국의 수도로 미국 초대 대통령이 취임 선서를 했다. 1790년 3만 3,000여 명에 불과하던 뉴욕의 인구는 1850년 69만 7,000여 명에서 50년 뒤인 1900년 343만 7,000명으로 폭발적인 증가세를 보였다. 1920년에는 745만 5,000여 명에 달했다. 이후 주변 위성도시가 확대되면서 인구 1,000만이 넘는 거대 도시로 변했다.

뉴욕은 보스턴에서 워싱턴에 이르는 인구 4,000만 메갈로폴리스의 중심지가 됐다. 이러한 뉴욕의 성장은 해상-항공-육로를 모두 갖춘 물류삼합이 큰 원동력으로 작용했다. 맨해튼을 중심으로 한 브루클린과 저지시티 일대 연안에는 뉴욕 뉴저지 항만청(광역적으로 항만·항공행정을 맡아 보는 기관)이 관할하는 대항만이 있다.

또 뉴욕은 철도, 도로 등 육상 교통의 주요 거점이다. 뉴욕을 중심으

미국 뉴욕 맨해튼의 월스트리트는 세계 자본주의 중심지로 불린다. 1792년 설립된 세계 최대 규모의 뉴욕 증권거래소를 비롯해 글로벌 금융 기관 등이 집중돼 있다.

로 다수의 고속도로는 사방으로 뻗어 있다. 국제 여객에 있어서도 뉴욕은 미국 최대의 관문으로 통한다. 뉴욕 도시권에는 케네디 국제공항, 라가디아 공항, 뉴저지의 뉴어크 리버티 국제공항 등 3곳이 있다.

이 중에서도 미국 내 국제선 노선 수와 이용객 수가 가장 많은 곳이 케네디 국제공항이다. 케네디 공항은 맨해튼 도심에서 동쪽으로 24km 떨어져 있어 뉴욕의 관문 역할을 하고 있다. 뉴욕이 세계의 경제 수도 역할을 할 수 있는 것은 바로 이러한 물류삼합의 완성에 있다.

글로벌 물류·금융 중심지 '싱가포르'

'도시 국가'인 싱가포르는 인도네시아와 말레이시아 사이에 위치한 섬이다. 국토 면적은 총 697㎢로 서울시(605㎢)보다 조금 크다. 1819

년 이후 영국의 식민지였다가 1959년 자치령이 되었고 1965년 말라야 연방에서 탈퇴해 현재에 이르고 있다.

싱가포르는 지리적 여건상 해상 동서교통의 요지에 위치해 있어 세계적인 물류허브와 아시아 금융허브로 성장하고 있다. 싱가포르의 국민소득은 5만 달러를 넘어 한국의 2배다. 항만을 장점 삼아 비약적인 경제 발전을 이룬 셈이다.

하지만 싱가포르는 또 다른 아시아 금융·물류허브로 꼽히는 홍콩과는 차별화돼 있다. 홍콩이 중국시장을 노린 투자자들을 위한 거점이라면 싱가포르는 말레이시아·인도 등 주변국은 물론 중국계 주민들까지도 이주해 이들을 이어주는 거점으로 자리 잡고 있다. 이 모든 것이 항만, 무역업 등을 통한 도시 기능만으로 이뤄낸 성과다.

그렇다면 싱가포르의 힘은 어디에서 나올까. 바로 세계 최고 수준의 도시 인프라스트럭처가 인재와 기업을 끌어오는 요인으로 꼽힌다. 세계 최대 규모의 컨테이너항을 보유하고 있는 싱가포르의 컨테이너 물동량은 2012년 3,164만TEU(1TEU는 20피트 컨테이너 1개) 수준으로, 상하이에 이어 세계 2위를 기록했다.

싱가포르 항만의 또 다른 매력은 부가가치가 높은 선용품업체, 수리조선업체, 정유기업의 유류기지, 항만배후단지 등과 같은 항만 서비스 산업이 항만과 근접 발달해 있다는 점이다. 싱가포르 항만의 화물 중 80%가 황금알을 낳는다는 환적화물이다. 여기에 큰 시너지 효과를 내는 요인이 싱가포르항에서 20km 가량 떨어진 창이(Changi)공항이

싱가포르는 글로벌 물류·금융허브로 급성장하고 있다. 싱가포르의 국민소득은 5만 달러를 넘어 한국의 2배다.

다. 창이공항은 세계 항공의 허브로도 불린다.

창이공항의 연간 수송여객은 6,870만 명, 연간 수송화물은 184만 톤으로 세계에서 가장 바쁜 공항 가운데 하나다. 국제여행 컨설팅그룹인 스카이트랙스(Skytrax)가 실시한 2013년도 세계 공항 순위에서 창이 공항은 1위에 선정됐다. 인천국제공항은 2위를 차지했다. 이 설문조사는 전 세계 고객 1,210만 명을 대상으로 세계 395개 공항의 도착, 환승, 입국, 안전 등 39개 항목을 평가해 결정됐다.

항만과 항공이 결합하자 싱가포르의 MICE(Meeting Incentive Convention Exhibition) 산업도 급성장하고 있다. 싱가포르 정부는 1995년 선텍국제컨벤션센터를 완공하고 본격적인 컨벤션 산업 육성과 홍보에 나서고 있다. 싱가포르는 2008년부터 5년간 1억 7,000만 싱가포르달러를 투자해 '비즈니스 이벤트 인 싱가포르(Business Event in Singapore)'라는 글로벌 마케팅 캠페인을 벌였고 세계 최고의 복합 리조트 단지를 건립하면서 마이스 산업의 날개를 달았다.

글로벌 도시 위상 갖춘 '상하이'

2013년 10월 중국 정부는 상하이를 첫 '자유무역지대'로 출범시켰다. 세계적인 금융과 물류의 중심지로 만들겠다는 전략이다. 상하이 자유무역지대는 와이가오차오(外高橋) 보세구와 와이가오차오 물류파크, 양산(洋山) 보세구, 푸둥(浦東)공항 종합보세구 등 4개 구역으로 28㎢ 면적에 10여 년에 걸쳐 조성된다. 특히 상하이의 푸둥(浦東)지구 전체를 포함하면 규획 범위가 약 570㎢에 이른다. 이곳은 중국 정부의 투자 개방 가속화와 금융 개혁 시험대가 될 것으로 보인다.

이런 중국 정부의 구상은 상하이항의 급성장으로 이어지고 있다. 중국 정부의 전폭적인 지원을 받고 있는 상하이항은 2005년 1,800만 TEU에 그쳤던 연간 처리 물동량이 2012년 3,252만TEU까지 늘어 세계항만 중 물동량 1위를 기록했다. 이는 중국 내륙 무역총액 3%에 해당하는 수준이다.

이런 배경에는 상하이를 세계 금융과 물류 중심지로 만들겠다는 중국 정부의 강한 의지가 담겨 있다. 상하이는 현재 500여 개 글로벌 금융회사들이 모여 있는 글로벌 도시로 변모했다.

2013년 10월 중국 정부는 상하이를 '자유무역지대'로 출범시켰다. 상하이를 세계 금융과 물류 중심지로 만들겠다는 중국 정부의 강한 의지가 담겨있다.

상하이의 성공은 주변 국가에도 자극을 주고 있다. 상하이에 물류허브 1위 자리를 내준 싱가포르는 대대적인 이민정책과 함께 도시 경쟁력 강화에 더욱 박차를 가하고 있고 전통적인 금융 중심지였던 홍콩도 상하이의 추격에 주도권 싸움을 벌여야 할 처지에 놓였다. 이미 상하이는 2011년 지역내총생산(GRDP)에서 3,084억 달러를 기록해 2,480억 달러를 기록한 홍콩을 앞질렀다.

글로벌 항만, 항공 물류의 중심 '홍콩'

홍콩은 항만과 항공의 결합으로 글로벌 물류 중심지로 탄생했다. 홍콩의 전체 교역량은 9,158억 달러(2011년 기준)로 국내총생산(GDP)

의 348% 수준이다.

이 같은 홍콩의 교역량은 중계무역 때문에 가능하다. 1970년 30%에 그친 홍콩의 중계무역 비중은 1990년대 85%까지 상승했고 현재 홍콩의 중계무역량은 약 90%에 달한다.

홍콩이 글로벌 물류 중심지로 도약한 데는 공항의 역할도 컸다. 홍콩의 첵랍콕 공항은 글로벌 물류 중심지를 위한 날개를 달게 했다. 첵랍콕 공항은 기존 카이탁 공항을 대체하기 위해 6년간 200억 달러를 투입해 1998년 7월 6일 개항했다. 첵랍콕 공항은 도심을 연결하는 공항고속전철인 에어포트익스프레스(AEL)가 12분 간격으로 운영되며 홍콩 시내까지는 23분 정도가 걸리는 위치에 입지해 있다.

특히 첵랍콕 공항은 중국 본토 40여 도시를 비롯해 동남아시아, 동북아시아로 가는 관문 역할을 하고 있다. 화물 수송은 세계 1위(406만 톤)다. 이곳은 캐세이퍼시픽항공과 드래곤에어와 같은 대형 항공사와 홍콩익스프레스, 씨알에어웨이즈, 오아시스홍콩항공 등 작은 항공사들의 허브공항으로 불리고 있다.

물류 산업 외에 홍콩 하면 빼놓을 수 없는 것이 금융 산업이다. 홍콩 전체 국내총생산에서 금융업이 차지하는 비중은 20%가량 된다. 금융계 취업자 수는 20만여 명으로 총 취업자 대비 5% 정도를 차지한다. 현재 세계 100대 은행 중 70여 개 은행을 포함해 200개 은행이 영업활동을 하고 있다. 홍콩 금융 시장에서 거래되는 자금은 주로 미국계, 유럽계 등 국제 자본이 자금의 수요처를 찾아 홍콩으로 이동해 투자나

홍콩은 항만과 항공의 결합으로 글로벌 물류 중심지로 탄생했다.

대출되는 형태로 진행되고 있다. 해외 금융기관들이 경쟁적으로 진출해 영업을 하면서 세계 금융 중심지로 명성을 얻고 있는 것이다.

글로벌 기업들의 홍콩 진출도 지속적인 증가 추세로, 아시아지역본부 1,300여 개사가 홍콩에 자리 잡고 있다.

세계경제의 중심 태평양으로

역사적으로 세계경제는 '바다'를 중심으로 움직였다. 15세기까지가 그리스·로마 중심의 지중해 시대였다면 신대륙 발견 이후 16세기부터 20세기까지는 유럽과 미국 중심의 대서양 시대였다. 하지만 이제 21

세기 세계경제의 중심은 태평양으로 이동하고 있다.

한국을 비롯해 중국, 일본, 싱가포르 등 아시아·태평양 지역의 국가들은 기술과 부를 축적해 세계의 주요 경제 대국으로 부상했고 치열한 경제 주도권 다툼을 벌이고 있다. 현재 전개되고 있는 아시아태평양 국가 간 경제 통합 논의는 세계경제 축의 이동을 잘 설명해주고 있다.

대표적인 것이 TPP(Trans-Pacific Partnership, 환태평양경제동반자협정)와 RCEP(Regional Comprehensive Economic Partnership, 역내포괄적경제동반자협정)이다.

TPP는 미국이 주도하는 세계 최대 규모의 메가 FTA(자유무역협정)로 2005년 뉴질랜드·칠레·싱가포르·브루나이가 맺은 P4 협정이 모태가 됐다. 2008년 미국·호주·페루, 2010년 베트남·말레이시아, 2012년 멕시코·캐나다가 협상에 합류하면서 덩치를 키웠다.

2013년 7월부터는 일본이 참여함에 따라 전체 협상 참여국은 12개국으로 늘었고 2010년부터 2013년 8월까지 19차례 공식협상을 가졌다.

'21세기 FTA'로 불리는 TPP의 협상 목표는 높은 수준의 시장접근 달성, 역내 공급체계(서플라이 체인)강화, 새로운 통상이슈 대응 등을 과제로 삼고 있다. TPP 권역은 세계 최대 시장이다. 이 권역은 인구 7억 8,000만 명, 명목 GDP 26조 6,000억 달러, 무역규모 10조 2,000억 달러로 GDP면에서는 세계 최대 규모의 지역경제통합체다. 이는 전 세계 GDP의 38%를 차지한다.

TPP-RECP 권역 비교

구분	TPP권역	RCEP권역
참가국	미국 등 12개국	중국 등 16개국
인구	7억 8,000만 명	33억 9,000만 명
GDP	26조 6,000억 달러	19조 9,000억 달러

RECP는 중국 주도로 협상이 진행 중이다. 동남아시아국가연합(ASEAN) 10개국과 한중일 3개국, 호주·뉴질랜드·인도 등 총 16개국이 진행하는 FTA다. RECP는 2015년까지 타결한다는 데 합의하고 있다.

RECP 내 GDP 합계는 19조 9,000억 달러로 EU(유럽연합)의 GDP 16조 6,335억 달러, NAFTA(북미자유협정)의 GDP 18조 6,841억 달러보다도 높다. 인구로도 RCEP는 33억 9,000만 명으로 가장 많다.

윤진숙
해양수산부 장관

🔊 Q. 지금 세계는 바다를 주목하고 있다. 그 이유는 무엇이며, 우리 나라 역시 바다를 주목해야 하는 이유는?

🔊 A. 바다를 주목하는 것과 창조경제가 새로운 경제모델로 주목받는 것은 맥락이 같다. 창조경제는 창의와 혁신을 기반으로 새로운 지식과 기술을 창조하고 이를 통해 새로운 시장과 일자리를 창출하는 것이다. 세계 주요 도시들이 바다를 주목하는 것도 그동안 육상 중심의 성장에서 벗어나 바다에서 새로운 시장과 일자리를 마련할 수 있다는 확신에서 비롯된 것이 아니겠나.

최대 경제권으로 부상하는 동북아 경제권과 TPP(환태평양경제동반자협정), RCEP(역내포괄적경제동반자협정)로 대변되는 태평양 경제권을 형성하고 지탱하는 핏줄도 해상 물류라고 할 수 있다. 남북 경제협력, 유라시아 이니셔티브를 추진하는 데 있어서도 해상 운송을 통한 사람과 물자의 교류를 활성화하는 것이 선결 과제다.

즉, 우리나라가 한반도 리스크 등으로 지칭되는 지정학적 불리함을 극복하기 위해서는 바다를 통해 우리가 주도권을 쥐고, 파생되는 경제적 이익을 극대화하겠다는 국가 전체의 인식 변화가 필요하다.

또한 해양을 잘 관리하고 투자하면 EEZ(남한 면적의 4.5배), 심해저(현재 확보한 광구만 남한 면적의 1.2배), 극지와 같은 새로운 경제영토도 편입할 수 있다. 해양 바이오·에너지·광물·수산자원 등 해양에서 파생될 경제적 효과는 아직도 제대로 가늠하지 못할 정도이기 때문에 지속적인 관심과 투자가 필요하다.

그동안 글로벌 미래산업으로 바이오경제, 우주항공을 주목했던 OECD에서도 2014년부터 '해양경제의 미래'라는 주제로 연구에 착수하는 등 관심의 축을 해양으로 돌리고 있다.

🔊 Q. 세계경제의 중심이 태평양으로 이동하고 있다. 이런 기회를 맞아 대한민국이 준비해야 할 것은?

🔊 A. 태평양에서는 양자간·다자간 FTA를 포함하여 미국이 주도하는 TPP, 중국과 아세안이 참여하는 RCEP을 통해 경제권 통합이 추진 중이다. 동북아 지역만도 5억 명의 인구와 6조 달러의 GDP 규모에 이르고 있어 광역 통합경제권의 등장은 분명히 한국경제에 기회다.

다만 방공식별구역을 둘러싼 동북아 지역의 논란, 러시아와 중국, 심지어 몽골까지 이어지고 있는 태평양 진출 시도 등에서 볼 수 있듯이 태평양 지역은 각국의 정치·경제적 계산이 맞물려 갈등요소도 잠재되어 있다. 중국, 러시아, 일본이 해양경제에 집중 투자하는 것도 자국의 경제 활성화 외에 해양 주도권을 확보하려는 목적이 있다고 본다.

이러한 가운데 우리의 경제적 이익을 극대화하기 위해서는 항만을 중심으로 '국가 물류 체계를 재디자인'하는 작업이 필요하다. 우리의 강점인 항만 물류 인프라를 레버리지 삼아 항공과 육상을 연계하는 것이다.

항만시설과 ICT의 융합을 통해 물류 처리기술을 혁신하고 운반비용을 획기적으로 절감하여 한국을 '태평양 경제권의 물류 거점화'하는 전략이 추진되어야 한다. 또한 앞서 설명한 바와 같이 남북 경협, 유라시아 이니셔티브 등과의 연계를 통해 국내 해상운송을 동북아 물류의 축으로 도약시켜 동북아 물류 흐름을 우리 주도로 재편해야 한다. 연안 또는 항만도시를 중심으로 공동의 해양 메가 경제권이 형성되면, 경제 활성화뿐만 아니라 상호 신뢰 증대와 잠재적 갈등요소 해소에도 기여할 수 있을 것이다.

그리고 국제 교류가 가장 활발한 영역인 해양에서 태평양 국가들과의 연구사업 등 공동 프로젝트를 우리가 주도한다면 해양 외교력의 제고는 물론 역내 갈등 조정자로서의 위치 선점도 가능할 것이다.

◀: Q. 세계 유수의 해양도시들에 비해 국내 대표적인 해양도시들은 아직 경쟁력이 부족한 상황이다. 대한민국 해양도시의 경쟁력 강화를 위한 대책은?

◀: A. 과거 한국경제는 임해(臨海) 지역을 중심으로 성장하였고, 수

출입이 증대하면서 항만과 배후 해양도시가 비약적으로 발전한 역사가 있다. 하지만 양적 성장에서 오는 한계와 최근 국내외 경기 침체가 맞물리면서 해양도시의 성장도 다소 정체하고 있으며, 이에 새로운 성장동력이 필요한 시점이다.

국내 해양도시가 경쟁력을 확보하기 위해서는 항만을 중심으로 배후 도시 또는 지역과 연계 발전시키는 전략이 필요하다. 현재 해양수산부는 항만을 지역별로 특화 발전시켜 해양도시를 활성화하는 방안을 추진하고 있다.

여기서 한 발 더 나아간다면 현재 검토 중인 해양경제특별구역 제도의 도입 등을 통해 거대 항만을 중심으로 공항, 도로, 철도와 연계되는 광역 연안물류 경제권을 형성하는 전략도 생각할 수 있다.

이렇게 해양경제권이 형성되어 금융과 인력이 모여들게 되면 항만물류 이외에도 크루즈, 해양플랜트, 해양바이오, 수산 등의 다양한 해양산업이 보다 활성화될 수 있을 것이다.

🔊 Q. 한반도를 동북아 물류 중심지로 만들겠다는 포부를 밝혔다. 동북아 물류 중심지가 되기 위한 미래 전략 구상은?

🔊 A. 한반도를 동북아 물류 중심지로 육성하기 위해서는 현재 물류 중심인 항만기능을 보다 다양화하고, 제공하는 서비스 수준을 높여야 한다. 글로벌 선사 같은 초대형 얼라이언스가 찾을 수밖에 없는 매력적인 항만을 만드는 것이다.

우리 항만은 양호한 수심, 대규모 안벽시설, 최신의 하역장비에 기반한 높은 생산성 등으로 이미 글로벌 경쟁력을 갖추고 있다. 앞으로는 이러한 뛰어난 인프라를 바탕으로 벙커링 등 고부가가치를 창출할 수 있는 새로운 서비스를 확대해 나갈 필요가 있다.

정부는 글로벌 항만 물동량의 동북아 비중 확대, 선박대형화에 따른 기항지 축소 등 세계 해운·항만 여건의 변화에 선제적으로 대응하고, 항만 간 경쟁에서 우위를 선점하기 위해 항만별 특성에 맞는 특화 항만 개발을 추진하고 있다.

부산항은 동북아 컨테이너 환적 허브항, 광양항은 물류·제철·석유화학 복합 물류허브항, 울산항은 동북아 오일허브항, 인천항은 대중국 관문항으로 육성할 계획이다.

또한 항만의 우수한 시설 여건을 활용하여 세계의 선진 해양산업 기업을 유치하고, 미래의 먹거리 사업인 신(新)해양산업의 집적화·융복합화를 통해 해양산업을 집중 육성할 수 있는 방안도 모색하고 있다. 벙커링·선박수리업 등 항만 서비스 산업을 고도화해 우리 항만을 찾은 선박이 원스톱 서비스를 받을 수 있는 산업적 기반도 조성해 나가겠다.

🔊 Q. 크루즈 산업이 해양관광산업의 블루오션으로 주목받고 있다. 크루즈 산업 활성화를 위한 향후 대책은?

🔊 A. 크루즈 산업 활성화를 위한 정부의 정책의지 등에 힘입어 2013년 국내 항만에 크루즈선 기항이 급증하였고 지역경제 활성화에

도 크게 기여했다.

2012년 226척의 크루즈선에 28만 명의 크루즈 관광객이 입국한 데 이어, 2013년에는 405척에 78만 명이 입국해 총 4,390억 원의 직접적인 경제효과를 나타냈다. 크루즈 관광객 1인당 평균 512달러를 지출했다. 관광객 지출비용 외에 생수 등 선용품, 선박 유류, 항만시설사용료 등 부대비용을 포함할 경우 지역 경제에 미치는 효과는 훨씬 크다.

정부는 크루즈 산업을 통한 경제 활성화 효과를 지속시키기 위해 외국 크루즈선의 국내 기항을 더욱 확대하고 국적 크루즈선도 육성해 나갈 계획이다. 2014년에는 '크루즈산업 육성 및 지원에 관한 법률'의 하위법령을 마련해 제도적 기반을 구축하고, 크루즈산업 육성을 위한 중장기 로드맵이라 할 수 있는 '제1차 크루즈산업육성 기본계획'을 수립할 것이다.

또한 문체부, 지자체 등과 합동으로 지역별 관광프로그램을 확대하고 제주 크루즈 박람회 등 국제행사와 민관합동 유치 설명회 등을 개최해 크루즈 기항지로서 한국의 매력도를 집중 부각시키도록 하겠다. 크루즈 산업의 기반을 강화하기 위해 크루즈선에 적합한 전문 인력을 체계적으로 양성할 것이며 이들이 국내외 크루즈 선사에 취업할 수 있도록 적극적으로 지원하겠다.

🔊 Q. 대한민국이 해양강국 실현을 위해 극복해야 될 과제와 향후 계획은?

◀: A. 먼저 국가 차원의 투자 확대와 함께 국민들께 성공 사례를 계속 보여드려 해양에 대한 인식이 막연함에서 기대와 희망으로 바뀌어야 한다고 생각한다.

사실 해양산업은 일부를 제외하고는 단기에 성과를 도출하기 어렵기 때문에 해운, 항만물류, 해양과학, 수산 등 모든 분야에 대해 장기적 안목에서 꾸준한 투자가 필요하다.

해양수산부는 앞으로 R&D 투자를 지속적으로 확대하고, EEZ, 연안, 도서, 항만과 어촌 등 해양의 전 공간을 통합 관리해 성공하는 해양수산 신산업을 지속적으로 발굴·육성하겠다. R&D 예산도 2011년 4,025억 원에서 2012년 4,452억 원, 2013년 5,184억 원, 2014년 5,320억 원으로 매년 늘고 있다. 이를 통해 2017년까지 해양산업의 GDP 기여도를 현재의 6%대에서 7%대로 제고하는 것을 목표로 하고 있다.

4대 실천과제는 해양 경제영토 확대, 전통 해양수산 산업의 미래산업화, 해양과학기술(MT) 기반의 미래 성장동력 창출, 그리고 해양과 연안 공간의 통합관리다.

모든 해양수산인의 염원으로 해양수산부가 부활하면서 해양수산 정책을 주도적으로 수립·이행하고 이슈를 선점할 수 있는 여건이 마련됐다. 앞으로 해양수산부는 해양강국, 국민에게 사랑받는 해양수산, 일자리가 늘어나는 해양수산업을 실현할 수 있도록 최선을 다하겠다.

바다에 잠들어 있는
70조 원을 깨워라

지구 표면적의 71%는 바다다. 바다는 무한한 자원의 보고다. 바다를 통한 국제교역은 전체 운송의 78%를 차지한다. 우리나라의 경우 수출입화물의 99%를 해양을 통해 운송한다. 이미 한반도를 둘러싼 중국, 일본, 러시아 등은 국가 해양정책을 강화하고 있고 바다자원 확보 전쟁을 벌이고 있다. 바다를 통한 국부창출에 명운을 걸고 있는 것이다.

우리나라 해양산업의 경쟁력은 해운, 항만, 조선은 세계적 수준이지만 해양자원개발, 해양과학기술, 해양환경분야 등은 매우 취약한 것으로 분석된다. 해양은 새로운 성장의 기회인만큼 해양에 기반을 둔 신성장동력 확보가 절실한 상황이다. 하지만 현 정부의 40대 우선실행 국정과제 중에서 해양 발전 과제는 찾아보기 어려울 정도로 정부의 바다에 대한 관심은 절망적인 수준이다.

140개 국정과제 중 40개 우선대상 과제

과제명	담당부처
농림축산업의 미래 성장산업화	농림축산식품부
농축수산물 유통구조개선	농림축산식품부
정보기술(IT)·소프트웨어(SW) 융합을 통한 주력산업의 구조 고도화	산업통상자원부
정보통신최강국 건설	미래부
서비스산업 전략적 육성기반 구축	기획재정부
과학기술을 통한 창조경제 기반 조성	미래창조과학부

Source : 국무조정실 국정과제 추진 계획

해양발전 과제는 어디에…

세계는 바다 속으로

바다는 미래 주도권을 겨냥한 동아시아 각국의 각축장이 되고 있다. 중국은 센카쿠열도(중국명 댜오위다오) 영유권을 두고 일본과 각을 세우고 있고, 우리 영토인 이어도를 방공식별구역(CADIZ)에 포함시켜 긴장을 고조시키고 있다. 일본도 한국, 중국, 러시아 등과 영토 분쟁을 촉발하는 한편 해양산업 투자를 대폭 확대하고 있다. 모두 해양패권에 국가의 명운을 걸고 있는 모습이다.

해양강국을 향한 러시아의 행보도 공격적이다. 블라디미르 푸틴 러시아 대통령은 집권 3기를 맞아 극동개발부를 신설하고 장관급 인사를 임명했다. 극동시베리아의 본격적인 개발을 알리는 신호탄이었다.

러시아는 국토의 균형 개발과 신성장동력 확보를 위해 2000년대

중반부터 극동지역에 오일달러를 쏟아붓기 시작했다. 푸틴 대통령은 집권 2기인 2007년 '극동·자바이칼 지역 경제·사회 개발 연방 특별 프로그램'을 마련했다. 2013년까지 231억 달러를 투자하는 이 프로그램은 7만 개 일자리 창출과 10개 항만 개보수 계획을 포함하고 있다. 이 프로그램은 러시아 남진 정책을 상징하는 항만도시 블라디보스토크 개발과 인프라스트럭처 구축이 주요 사업이다. 배정 예산의 30% 정도가 블라디보스토크 개발에 집중적으로 할당돼 있는 데서도 알 수 있다.

러시아는 2025년까지 극동러시아의 에너지 자원을 동북아시아에 공급하기 위한 가스관과 유라시아 횡단철도 등을 포함하는 2단계 개발 프로젝트도 마련했다. 이 프로젝트에 투입되는 금액만 390조 원에 이른다. 러시아는 극동지역 개발을 통해 동북아 해양경제의 주도권을 잡기 위한 교두보를 마련한다는 계획이다.

중국은 1990년대부터 해양자원 개발과 해양산업에 관한 법령들을 제정해왔다. 최근에는 '국가해양사업발전 12차 5개년 계획'과 '전국해양경제발전 12차 5개년 계획'을 발표하면서 해양강국을 선언했다. 중국은 2020년까지 해양강국을 목표로 2011년 정부 주도하에 산둥성, 저장성, 광둥성을 각각 블루경제구, 해양경제발전시범구, 해양경제종합실험구 등 3대 해양경제종합실험구로 지정해 해양플랜트 같은 해양산업 육성에 박차를 가하고 있다.

일본은 과거 추진했던 항만 정책이 실패로 돌아가자 2010년 새로운 전략 항만 육성 계획을 세웠다. 도쿄, 가와사키, 요코하마 등 '게이힌항'과 오사카, 고베 등 '한신항' 2개 지역을 컨테이너 전략 항만으로 지정하고 집중 투자해 2020년까지 아시아 5위 안에 드는 물류거점으로 육성한다는 것이다. 또 2013년 6월에는 '일본의 재부흥계획' 시책 중 하나로 공항과 항만산업의 기반 강화를 선언했다. 2016년까지 전략 항만의 대수심 컨테이너 부두를 현재 3선석에서 12선석으로 4배 늘려 대형 선박을 유치하고, 항만 가동시간 연장, 항만과 공항의 접근성을 높이기로 했다.

이처럼 동북아시아 각국이 도시를 중심으로 해양경제 정책을 강화하고 투자를 확대하고 있지만 우리나라의 해양경제 정책은 걸음마 수준이다. 2시간 비행 거리 안에 인구가 5억 명이 넘고, 국내총생산(GDP)만 해도 5조 8,000억 달러인 시장을 놓치고 있다는 지적이다.

해양 정책의 주무부처인 해양수산부는 2013년 초 중국처럼 해양경제특구 사업을 시행하겠다고 밝혔으나 전국 어디에 몇 개나 지정할 것인지 구체적인 시행 방안과 계획은 없는 실정이다. 정부의 140개 국정과제 중 40개 우선 대상 과제 가운데 해양발전 과제가 단 하나도 없는 것이 우리나라 해양 정책의 현실을 그대로 보여주고 있다.

한·중·일 논란의 중심 '이어도'

이어도는 마라도 서남쪽 149km, 중국 퉁다오 동북쪽으로 247km, 일본 나가사티현 도리시마 서쪽으로 276km 떨어진 수중 암초다. 평상시는 전혀 눈에 띄지 않지만 수심 50m를 기준으로 할 경우 남북으로 1.8km, 동서로 1.4km에 이르는 타원형 모양이다.

제주도 전설에는 이어도가 어부들이 죽으면 가는 환상의 섬, 즉 상상 속의 섬으로 전해지고 있다. 이어도는 중국, 동남아, 유럽으로 항해하는 주 항로가 이 인근을 통과하기 때문에 지정학적으로 매우 중요한 곳에 위치해 있다. 수산자원도 풍부해 주변 해역에선 다양한 어류가 발견된다. 이어도를 포함한 동중국해 인근에는 최대 1,000만 배럴의 원유와 72억 톤의 천연가스가 매장된 것으로 추정된다.

이런 이어도는 한국과 중국이 배타적경제수역(EEZ)을 주장할 경우 서로 겹치는 위치에 있어 항상 논란의 중심에 있다.

이런 논란을 이해하기 위해서는 먼저 영해기선 개념부터 알아야 한다. 영해기선은 자국의 영해를 확정하기 위한 기준선이다. 이 지점부터 12해리(22.2km) 안이 영해, 200해리(370.4km) 안이 말도 많고 탈도 많은 'EEZ'다. 이 기준은 1982년 유엔 해양법회의에서 확정됐다. 이후 바다 영토는 보통 '영해+EEZ'를 말한다. 영해 안에서는 연안국가가 사법권을 포함해 영토 관할권에 준하는 권한을 행사한다. 외국 선박은 통과만 할 뿐 어업활동이 금지된다. 이 영해기선을 정하기 위

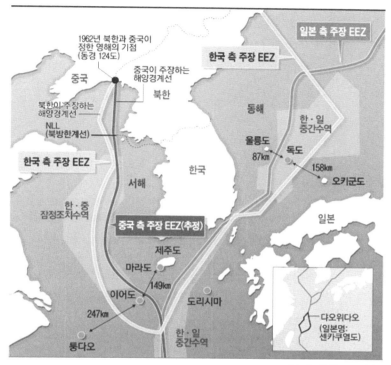

일본 측 주장 EEZ

한국 측 주장 EEZ

1962년 북한과 중국이
정한 영해의 기점
(동경 124도)

중국이 주장하는
해양경계선

중국

북한

동해

북한이 주장하는
해양경계선

NLL
(북방한계선)

한·일
중간수역

울릉도
87km

독도

158km

한국 측 주장 EEZ

한·중
잠정조치수역

서해

한국

오키군도

중국 측 주장 EEZ(추정)

제주도

일본

마라도

149km

이어도

도리시마

247km

퉁다오

한·일
중간수역

다오위다오
(일본명:
센카쿠열도)

자료: 외교통상부·국토해양부

해서는 인접 국가와의 협상이 먼저 이뤄져야 한다.

영해기선이 무엇인지, 그리고 연안국이 어떤 권한을 갖게 되는지를
알면 왜 EEZ가 그토록 오랜 기간 '꼬인 실타래' 같은 존재가 됐는지 이
해할 수 있다. 이런 기준에서 보면 한·중·일 해역의 양안 거리는 모두
400해리 이내로 좁다. 3국이 '해상 국경선'인 EEZ를 여태 확정하지 못
한 채 해양영토 분쟁이 끊이지 않는 이유도 여기에 있다.

관할해역 개념

구분	영해	배타적경제수역 (EEZ)	대륙붕
개념	연안국 주권이 인정되는 영토 및 내수 외측의 해역	자원의 탐사, 개발, 보전, 관리에 대한 연안국의 주권적 권리가 인정되는 해역	•전통적 대륙붕 - 해안에 연접해 완만한 경사를 이루는 수심 200m 이내 지역 •해양법협약상 대륙붕 - 대륙붕 범위를 확대해 2,000해리 까지로 규정
범위	12해리 이내	200해리 이내	최대 350해리
연안국 권리	영토와 같이 모든 권리가 인정됨	탐사·조사 및 자원 개발권과 구조물 설치·사용 및 해양환경의 보호·보전에 관한 권리 인정	탐사 및 천연자원에 대한 개발권 인정(해저 지각이 육지와 같은 지질인 것을 증명했을 경우)

이에 우리 정부는 한·중 간 대륙붕 획정 협상에서 '등거리 원칙'에 따라야 한다는 것이 기본 원칙으로 중간선을 적용할 때 이어도와 그 주변수역은 거리가 가까운 우리나라의 관할수역이라고 보고 있다.

하지만 중국은 이런 불리한 상황을 감안해 인구, 대륙의 크기, 해안선 길이를 고려해야 한다는 '형평의 원칙'에 따라 이어도가 자국의 관할권이라는 주장을 내세우고 있다. 일본 역시 1969년 자국 방공식별구역에 이어도 상공을 편입해 이어도에 대한 야욕을 드러내고 있다.

우리 정부는 1951년 국토규명사업의 일환으로 '대한민국 영토, 이어도'라고 새긴 동판을 가라앉혔고 1987년 이어도에 부표를 띄워 국제적으로도 공표했다. 2003년에는 이어도에 해양과학기지를 건설하면서 관할권을 행사하고 있다.

하지만 해양 전문가들은 이어도 문제가 향후에는 더욱 심각해질 것으로 보고 있다. 이어도를 둘러싼 바다는 늘 긴장과 대립의 파고 속에 놓여 있다.

해양산업 70조 원 추가 국부 창출

해양은 세계 GDP의 5~10%를 차지하는 부의 창출 공간이다. 우리나라는 수출입 화물 99.7%를 해양을 통해 운송하지만 해양산업 육성에는 소홀했던 게 사실이다. 특히 국내 해양관광 분야는 매우 낙후된 것으로 평가받고 있다. 우리나라는 바다를 생산 공장으로 인식하고 이를 활용할 뿐 관광 자원으로서의 개념은 부족했기 때문이다.

해양관광은 국민의 다양한 관광욕구를 충족시켜 줄 수 있을 뿐만 아니라 외국 관광객의 수요도 창출할 수 있다. 특히 중국에 맞선 국가 경쟁력 확보를 위해서는 해양관광산업을 통한 국부 창출에 정책을 집중할 필요가 있다.

현재 중국에 맞서 1차 산업은 물론 2차 산업에서도 우위를 확보하기 어려운 게 현실이라면 3차 산업인 관광산업에 주안점을 두는 게 유리하다. 동북아 30억여 명에 달하는 관광시장 대비를 위해서도 해양관광산업 육성에 대한 적극적인 지원이 필요하다. 한반도는 지리적 입

지의 잠재력을 최대한 살려 '동북아 해양관광 중심지'로 육성하는 전
략이 필요하다. 특히 해외를 찾는 중국 관광객은 2015년 1억여 명에
달할 전망이어서 중국과 일본을 잇는 해양 관문 역할을 살린다면 한반
도 남해안은 해양관광의 최적지가 될 수 있다.

글로벌 컨설팅 회사인 ADL은 해양산업 육성을 통해 70조 원의 국
부 창출 효과가 있을 것으로 내다봤다. 이는 대한민국 총 GDP의 6.3%
에 달하다. 특히 37만 6,000명의 일자리 창출 효과가 있는 것으로 분
석하고 있다.

홍대순
ADL코리아부회장

🔊 Q. 매일경제는 제22차 국민보고대회에서 '바다'를 주목했다. 제2의 경제폭발을 위해 대한민국이 바다에 주목해야 하는 이유는?

🔊 A. 현 시점에서 바다를 중심으로 한 오션노믹스(Oceanomics, Ocean+Economics)는 대한민국에 매우 각별한 의미를 지닌다. 대한민국의 바다는 한마디로 이야기하면 대한민국이 내팽개쳐온 숨겨진 보물이다. 이제 바다를 바라만 볼 것이 아니라 창조의 바다, 번영의 바다로 일구어 내야 한다.

천혜의 지정학적 위치뿐만 아니라 유라시아 철도, 북극항로 등을 비롯한 미래 새로운 지각변동의 막대한 기회 중심에 어느 국가가 있을까. 바로 대한민국이다. 인위적으로 이런 기회를 만들기도 쉽지 않다. 더군다나 바다 관점에서 보면 대한민국의 인구는 5,000만 명이 아니라 그 10배인 5억 명으로 늘어난다. 신국부 창출의 기회가 바로 우리 눈앞에 있다. 우리의 미래가 걸려 있는 푸른 국토, 청색혁명을 이뤄내야 하는 이유다. 대한민국의 숨겨진 보물을 이제 만천하에 드러내고 그 위용과 자태를 전 세계에 보란 듯이 뽐내야 한다. 제2의 경제폭발, 바다에 그 해답이 있다.

🔊 Q. 아시아는 해양전쟁 중이다. 그러나 대한민국 해양산업 육성 정책들은 일본, 중국에 비해 많이 미흡한 것이 사실이다. 국내 해양산업이 침체된 이유는 무엇이고 이를 극복할 수 있는 방안은?

🔊 A. 가장 큰 이유로는 대한민국이 여전히 20세기 대륙국가관에 머물러 있기 때문이다. 이러다 보니 대한민국의 해양 정책은 다른 아시아 국가들에 비해 뒤처질 수밖에 없고, 해양이 중요하다고 말만 무성했을 뿐 실행은 늘 뒷전이었다. 단적으로 현 정부의 40대 우선추진 국정 과제 중에서 해양관련 분야를 찾아보기가 어렵다.

반면 아시아 주요 경쟁국들은 '바다'의 중요성을 빠르게 인식하고 미래의 바다 '태평양'을 장악하기 위해 발 빠르게, 그리고 저돌적으로 움직이고 있다. 가장 적극적인 행보를 보이는 곳은 바로 중국이다. 중국은 이미 산둥, 저장, 광둥성을 '국가급 해양 경제 육성 시범 지구'로 지정했고, 최근 상하이를 자유 무역 지구로 지정하며 범 국가차원의 대응이 이루어지고 있다.

대한민국은 이제 20세기의 대륙국가관에서 탈피하고 21세기 해양국가관으로 시급한 전환이 이뤄져야 할 것이다. 즉 국가의 철학이 바뀌어야 한다는 뜻이다. 하루속히 '해양강국'을 대통령 어젠다로 만들고 이에 기반해 머리를 맞대고 범국가 차원의 청사진을 수립해야 한다.

■: Q. 매일경제의 제22차 국민보고대회 보고서에서 항만·해양관광산업으로 70조 원의 추가 국부 창출이 가능하다고 했다. 어떻게 이것이 가능한가?

■: A. 먼저 항만산업부터 얘기해보면 항만산업 총 생산량은 연간 처리 물동량과 단위 물동량당 부가가치 생산액의 곱으로 정의했다. 현재 대한민국의 연간 처리 물동량은 약 2,200만 TEU이며 1,000TEU당 부가가치 생산량은 약 0.3백만 달러, 대한민국의 현재 항만 총 생산량은 약 6.3조 원이다. 우리는 여기서 현실적으로 달성 가능한 목표를 세웠는데 우리의 항만 물동량이 10년 전 전성기 때 수준으로 회복하고 단위 부가가치 생산액을 글로벌 Top항만의 절반 수준으로 향상시킨다고 가정하면 항만 총 생산량은 약 38조 원으로 지금보다 약 31조 원의 추가적인 국부 창출 효과를 기대할 수 있다.

두 번째는 해양관광산업이다. GDP대비 관광산업의 비중을 전 세계적으로 보면 약 9.1%이지만, 대한민국은 5.2% 수준에 머물러 있다. GDP 대비 관광산업의 규모를 전 세계 평균 수준만큼 끌어 올리는 목표를 세웠고 그렇게 했을 경우 현재 약 20조 원에 불과한 해양관광산업을 36조 원으로 육성할 수 있다는 계산이 나온다. 16조 원의 추가적인 국부창출이 형성될 수 있다.

하지만 이것이 전부가 아니다. 항만산업과 해양관광산업에서 창출된 47조 원은 연관 산업(금융, 교통, 에너지 등)의 간접 생산을 유발하게 된다. 간접 생산 효과는 직접 생산액의 약 60%에 달한다는 연구결과를 토대로 항만과 해양관광 육성으로 창출되는 간접 생산 효과는 약 28조 원으로 추정된다.

종합정리 해보면 항만산업 31조 원, 해양관광산업 16조 원, 간접 생산 유발 효과 28조 원으로 약 75조 원의 국부 창출이 가능하다.

🔊 Q. 우리나라 대표적인 해양도시가 부산이다. 해양도시 부산이 가진 잠재력과 성장 가능성은?

🔊 A. 앞으로는 '우리나라 대표 해양도시 부산'이라는 말보다는 '전세계 대표 해양도시 부산'이라는 표현이 훨씬 더 자연스럽게 될 거다. 그만큼 부산은 세계최고 해양도시의 잠재력과 성장가능성을 보유하고 있는 해양도시의 다크호스라고 볼 수 있다.

우리가 흔히 볼 수 있는 세계지도를 거꾸로 보면 부산은 세계중심의 한복판에 있다. 그 주변은 어떤가. 중국의 상하이, 베이징, 일본의 도쿄, 러시아의 블라디보스토크를 연결하는 원을 그려 보자. 전 세계 5억 인구와 무려 6,000조 원에 달하는 경제가 집중되어 있는 거대 수요 시장의 중심에 바로 부산이 있다. 바로 부산은 동북아 물류허브가 되기 위한 천혜의 조건을 가진 셈이다.

이뿐만이 아니다. 유라시아 철도와 연결될 경우 대륙물류의 출발점이 되는데 최근 박근혜 대통령과 푸틴 대통령의 정상 회담을 통해 유라시아 철도의 연결이 가시화되고 있다. 유라시아 철도가 대한민국으로 연결되면 그 종착점이 바로 부산이다. 대륙으로 운송하는 물류들은 부산항으로 들어와 유라시아 철도를 이용해 내륙으로 운송되는 최단 루트를 이용할 수 있게 된다.

더군다나 우리가 주목해야 하는 것 중 하나가 바로 북극항로다. 북극항로가 열리면 미주, 유럽으로 향하는 해양 수송의 기점이 된다. 북극항로는 기존 항로의 거리와 시간을 획기적으로 단축할 수 있게 돼 부산이 주목을 받을 수밖에 없다.

이처럼 천혜의 요지인 부산은 전 세계가 주목할 만한 경이로운 성장을 할 수 있다. 부산은 새롭게 재탄생하게 될 것이다.

◀: Q. 부산이 싱가폴, 홍콩 등 해양도시들처럼 경쟁력을 갖지 못하는 이유는?

◀: A. 단도직입적으로 이야기 하자면 항공 물류 기능을 담당할 제대로 된 공항이 없는 것이 주요한 이유 중 하나다. 전 세계적으로 내로라 하는 항만도시들은 항만과 공항을 20km 이내에 위치하면서 그 위용을 떨치고 있다. 하지만 천혜의 기회를 지닌 부산만 유독 이러한 공항을 보유하고 있지 못한 채 절름발이 형태를 취하고 있는 실정이다.

특히 물류에 있어서 복합물류는 대세가 되고 더욱 확대될 전망인데 세계적인 추세에 더욱 뒤떨어질 가능성이 크다. 우리가 능력이 부족한 가. 능력이 부족하기 보다는 오히려 다른 외국국가 입장에서 보면 부산이 더욱 더 공격적으로 개발하지 않는 것에 대해 속으로 웃고 있을지도 모른다.

능력은 되는데 실천을 하지 않는다면 이건 무언가 잘못된 거다. 지금 이 순간에도 저 바다에서 국부가 새어나가는 소리가 들리지 않나. 항만과 공항의 결합은 '선택'이 아닌 '필수'다. 지금부터 공항을 건설해도 긴 시간이 소요된다. 시간을 낭비할 여유조차 없는 시기다.

기업들은 복합물류 인프라가 조성된 도시에 거점을 두고 있다. 이러한 과정에서 다양한 일자리가 생기고, 연관 산업 단지가 조성되는 등 해양도시 경쟁력을 갖출 수가 있기에 부산이 세계적인 해양도시로 거듭나기 위해서는 항만과 공항이 겸비돼야 한다.

🔊 Q. 부산이 항공-항만-육상 교통의 연결, 즉 물류삼합을 통해 얻을 수 있는 글로벌 경쟁력은?

🔊 A. 이는 말로 표현할 수 없는 대한민국의 국부창출의 기회를 제공해줄 수 있다. 먼 훗날 세계적으로 어머어마한 도시 부산이 대한민국 내에 있다는 것이 얼마나 자랑스럽고 뿌듯한지 느낄 것으로 기대한다. 부산 물류삼합의 기대효과는 크게 두 가지 측면에서 생각해 볼 수 있다.

먼저 첫 번째로 동북아시아 최고의 환적물류 및 동북아의 해양메카로 거듭나게 되는데 이는 비즈니스 및 물류 루트의 지각변동이라 볼 수 있다. 아시아 시장을 타깃으로 하는 물동량은 모두 부산으로 집결한 후 해상 물량은 부산 신항을 통해, 항공 물량은 신공항을 통해, 내륙 물량은 고속도로와 유라시아 철도를 통해 운송할 수 있게 된다. 상하이, 홍콩, 싱가폴보다 경쟁력 있는 환적 인프라를 구축하게 되는 것이다.

이뿐만이 아니다. 일본에서 운송되는 육상과 항공물량을 부산으로 흡수할 수 있게 된다. 사례를 들어보면 일본 큐슈지역에서 간사이 또는 나리타 공항까지 육로운송, 거기서 다시 항공운송을 하던 일본 내 운송되는 물류루트를 큐슈지역에서 부산까지 해상운송, 그리고 부산 신공항에서 항공운송을 하게 되면 우리에게 새로운 기회가 창출된다. 기존의 물류루트를 변경하게 되는 것이다. 부산을 통해 해상-항공으로 운송했을 때 비용과 시간을 절약할 수 있기 때문이다. 이와 같이 물류삼합의 완성은 부산을 동북아 물류의 환적 중심지로 완전히 탈바꿈시킬 것이다.

또 하나 주목해야 하는 것은 부산이 북극해 자원개발에 따른 비즈니스 거점으로 새롭게 태어난다는 점이다. 부산 주위 100km 내에는 이미 글로벌 1, 2, 3위 조선소가 밀집해 있다. 뿐만 아니라 울산, 여수에서는 전 세계 4위권을 목표로 첨단 원유 정제 시설 구축이 진행되고 있다. 부산이 물류삼합의 조건을 갖추게 된다면 주변 도시와의 협력을 통해 북극 자원 개발의 비즈니스 거점이 될 것이다. 북극과 가까운 곳에서 부산 만한 인프라를 갖춘 도시가 존재하지 않는 것은 우리에게는 너무나도 매력적이다.

🔊 Q. 부산을 중심으로 한 크루즈 산업 육성 방안과 이것이 대한민국에 미치는 경제적 효과는 어느 정도인가?

🔊 A. 아시아 크루즈 시장은 2020년까지 연평균 20%에 육박하는

빠른 성장을 보일 것으로 전망된다. 대한민국은 이 기회를 반드시 잡아야 하고 크루즈 산업 육성을 통해 해양관광 후진국이라는 이미지를 탈피해야 한다. 이왕 크루즈 산업을 추진하려면 '제대로 하자' 라는 것을 먼저 강조하고 싶다. '적당히' 해서는 그 효과가 크지 않다는 얘기다.

크루즈 사업은 기항과 모항으로 구분되는데, 모항이 되어야 경제적 효과가 커지게 되며 모항은 기항대비 약 8.5배에 달하는 부가가치를 창출한다. 더 나아가 대한민국이 아시아 크루즈 시장의 주도국이 되기 위해서는 우리만의 차별적 경쟁력 확보와 아시아 크루즈 시장에서 최대한의 부가가치 획득을 위해 추진해야 하는 것이 바로 '에어크루즈 모항' 건설이다.

에어크루즈 모항은 공항과 크루즈 터미널이 바로 연결되어 해외 관광객이 비행기를 타고와 바로 크루즈를 타는 개념이다. 크루즈 탑승객의 80% 이상이 비행기를 타고 이동하기 때문이기도 하다. 에어크루즈 모항건설은 대한민국의 새로운 랜드마크로 자리 잡게 될 것이고 아울러 지중해 이상의 경쟁력을 지닌 대한민국의 남해안이 새롭게 재조명될 것이다. 또한 지방 관광의 활성화를 통한 지역경제에도 기여하게 되는 일석삼조 이상의 파급효과가 생기게 된다.

🔊 Q. 부산을 중심으로 한 오사카-상하이-두만강 하구 다국적 도시를 연결하는 해양경제특구의 의미와 해결 과제는 무엇인가?

🔊 A. 오션 이니셔티브의 목표는 대한민국의 발전뿐만 아니라 원아

시아의 진정한 구현을 내포하고 있다. 현재 정세를 보면 영토, 그리고 과거사 문제로 인해 동북아의 외교는 협력보다는 갈등의 골이 깊어지고 있다. 반면에 현 시점은 동북아 국가 간의 견고한 상생과 협력이 그 어느 때보다도 간절히 요구된다. 과거에 얽매일 것이 아니라 동북아의 보다 나은 미래를 위해 협력하고 상생을 도모하는 것이 절실히 요구되고 있다. 이러한 시기에 '바다'를 통해 동북아의 상생과 평화를 이루어 내는 지혜가 필요하다.

이를 위해서는 한·중·일·러 동북아 4개국의 교류와 협력이 필수적이기 때문에 '동북아 해양경제특구'를 제안하게 된 것이다. '동북아 해양경제특구'는 기존의 해양경제특구와 경제자유지구가 합쳐진 개념으로 그 대상과 범위를 동북아 4개국으로 확장한 개념이다. 마치 한 국가처럼 '동북아 해양경제특구'에 있는 기업들 간 거래세 감면, 수출입 절차 간소화, 기술 협력 지원 등을 통해 동북아 역내 교역을 활성화하고 동북아 해양산업의 글로벌 경쟁력 강화를 이루어 내자는 취지다.

동북아 해양경제특구를 실현하기 위해서는 우선 4개국의 바다와 경제를 대표하는 부산, 상하이, 오사카, 블라디보스토크 4개 도시를 중심으로 한 협의체를 구성하는 것이 그 첫 단추가 될 것이다. 이 협의체 안에서 머리를 맞대고 미래의 아시아 대변혁을 이끌어 낼 공동발전 모색을 위해 치열한 고민과 논의 그리고 실천강령이 채택돼야 한다. 이 과정에서 각 국가 행정부처를 비롯해 경제계, 학계, 정계, 언론계 등의 다각적인 참여와 국민적 공감대를 이끌어 내야 할 것이다.

신 해양실크로드,
북극항로

신 해양실크로드 '북극항로'가 열리고 있다. 현대글로비스는 한국 국적 선사로는 최초로 북극항로 시범 운항에 성공했다. 현대글로비스는 2013년 9월 15일 러시아 발트해 인근 우스트루가항에서 내빙구조선에 선적한 뒤 북극해를 통과해 10월 21일 광양항에 도착했다.

북극항로는 수에즈 파나마 항로와 함께 극동과 유럽을 잇는 '제3의 길'로 불린다. 부산항에서 네덜란드 로테르담까지 기존 수에즈 운하 항로는 2만 2,000km인 데 반해 북극항로를 이용하면 1만 5,000km로 선박 운항 거리를 단축할 수 있다. 40일 걸리는 운항 기간도 30일로 줄어든다. 하지만 아직까지 북극항로는 상업성이 떨어진다는 평가를 받고 있다. 현재 1년에 4개월(7~10월) 정도 통행이 가능하지만 비용이 30% 이상 더 비싼 내빙구조선을 이용해야 하고, 쇄빙선을 이용해야 하는 문제점도 있다.

이 때문에 전문가들은 2030년 이후 북극항로의 상업적 이용이 가능할 것으로 보고 있다. 특히 북극항로는 한국에 새로운 기회가 될 것으로 전망된다. 북극항로의 경로상 한국은 지리적으로 유리한 입지에 있다.

북극항로 왜 중요한가

북극항로는 극동과 유럽을 잇는 세계경제의 지름길이다. 이 때문에 유럽과 중국 등은 일찌감치 북극항로 개척에 나서고 있다. 최근 북극항로를 이용한 유럽, 중국 등의 물동량은 82만 톤에서 126만 톤으로 46.5% 늘었다. 그만큼 경제성도 있다는 방증이다.

북극항로 운임이 수에즈 항로의 70%일 경우 한국, 중국, 일본, 대만, 필리핀, 홍콩 등 6개국의 컨테이너 물동량 6억 3,900만TEU 중 4,481만TEU가 북극항로를 이용할 것으로 예상되고 있기 때문이다.

특히 한국에는 북극항로가 새로운 기회의 장이다. 북극항로 경로상에 있어 한국은 지정학적으로 유리한 위치에 있다. 이 중에서도 부산은 북극항로 중심항구 유치를 위해 가장 적극적으로 나서고 있다. 2009년 부산시는 일찌감치 북극해항로연구센터를 설립, 지자체 중 가장 먼저 북극항로에 주목했다.

북극항로의 최대 수혜자는 부산이 될 것이란 전망도 나오고 있다.

북극항로+대륙횡단 철도

삼성경제연구소는 2013년 4월 〈북극개발의 기회와 대응〉 자료에서 부산항을 북극항로의 최대 수혜자로 지목했다.

부산항은 뛰어난 입지, 정시성, 가격 경쟁력 등을 통해 2012년 컨테이너 물동량 세계 5위를 차지하는 항만 경쟁력을 갖추고 있다. 여기에 중국과 일본 주요 항구들의 중간 지점에 있어 북극항로 허브항구로서 최적의 입지 조건을 갖고 있다는 평가다.

세계 각국이 북극항로를 주목하는 또 다른 이유 가운데 하나는 북극에 매장된 각종 지하자원이다. 북극항로는 불모의 땅으로 여겨지던 북극의 각종 지하자원 확보를 위한 루트가 될 전망이다. 북극해 일대는 현재 기술로 채굴할 수 있는 원유 매장량만 900억 배럴, 천연가스는 47조㎥ 정도로 추산된다. 이는 아직 개발되지 않은 전 세계 자원 매장량의 22%에 이른다.

북극항로 35일의 기록

대한민국 최초로 북극항로 개척에 나섰던 시범운항단이 2013년 10월 21일 오후 광양항에 도착했다. 이로써 총 35일간 1만 5,600km를 달려온 대장정이 성공리에 막을 내렸다.

북극항로는 '신 해양실크로드'로 불린다. 동아시아에서 유럽과 미국을 잇는 최단 항로이기 때문이다. 유럽에서 한국에 올 때 수에즈운하와 인도양을 거치는 기존 항로는 2만 2,000km지만 북극항로는 이보다 7,000km가 짧다. 운항에 소요되는 기간도 40일에서 30일로 열흘 줄어든다.

북극항로 시범운항은 이미 수차례 추진 과정에서 무산된 전례가 있어 출발 전부터 세간의 관심이 모아졌다.

특히 해운업계의 반대가 컸다. 해운경기가 어려운데 경제성도 증명되지 않는 북극항로 시범운항은 시기상조라는 것. 이번 성공으로 북극항로에 대한 해운업계의 우려는 어느 정도 잦아들 전망이다. 얼음과 눈보라를 뚫고 북극항로 운항에 동행한 장재웅 매일경제 기자가 35일간의 발자취를 되짚어 보았다.

◆ 2013년 9월 16일(출항 1일차)

애초 15일 출발 예정이던 배는 16일 밤 11시가 넘어서야 우스트 루가항을 떠날 수 있었다. 나프타 선적 등과 출항 신고 과정에서 시간이 지체됐기 때문이다. 북극항로 시범운항에 나선 선박은 스웨덴 국적의 스테나 폴라리스호. 이 배는 여천NCC가 수입하는 나프타 3만 5,000여 톤을 싣고 발트해 북해를 지나 총 4,175km의 북극항로를 통과해 한국 광양항까지 시범운항단을 안내할 예정이다.

◆ 9월 20일(출항 5일차)

20일 아침 7시 30분쯤 스테나 폴라리스호는 덴마크 스코항에서 약 7km 떨어진 묘박지(선박이 계류하는 장소)에 닻을 내렸다. 스테나 폴라리스호가 덴마크 스코항에 들른 이유는 저유황 연료유를 급유하기 위해서다. 저유황 연료유는 가격이 비싸 보통 화물선에서는 잘 쓰지 않는다.

그러나 발트해와 북해를 통과하기 위해서는 저유황 연료유 사용이 필수다. 영국 노르웨이 덴마크 등 발트해 및 북해 인근 유럽 국가에서 이 지역을 지나는 선박들로부터 발트해와 북해 환경을 보호하겠다는 취지로 SECA(황산화물배출 규제지역)을 정해두고 지역 인근 국가들에게 강제하고 있기 때문이다.

스테나 폴라리스호는 북해를 지나는 시점까지 저유황 중질유를 쓴 후 북극해에 들어서면 가격이 싼 고유황 연료유를 이용해 북극항로를 통과한다. 영국과 노르웨이 석유시추선이 수년째 석유를 뽑아내고 있는 북해에는 저유황유 사용을 강제하면서, 환경문제가 크게 부각되고 있는 북극해에는 아무런 제한도 없다는 점은 아이러니다.

북극항로 시범운항에 나선 스테나 폴라리스호가 러시아 우스트루가항에서 출항을 준비하고 있다.

◆ 9월 23일(출항 8일차)

새벽 3시쯤 배는 북극권에 진입했다. 북극권은 북위 66도 33분을 기준으로 한다. 북극권을 넘어서면 육지에서는 더 이상 나무가 자랄 수 없다. 북극권에 가까이 올수록 하루가 다르게 기온이 내려갔다. 북위 73도를 넘어가면서는 지구 극점의 자기장과 태양의 강한 에너지로 인터넷 등 통신이 불가능하게 됐다.

◆ 9월 27일(출항 12일차)

마침내 북극항로에 들어왔다. 스테나 폴라리스호는 27일 정오쯤 노바야제믈랴를 통과했다. 노바야제믈랴는 북극항로의 시작점이다.

러시아 우스트루가항을 출발한 지 11일 만에 북극항로 개척을 위한 본궤도에 진입한 것이다. 북극항로 운항을 위해 25일에는 '아이스 파일럿'을 태웠다. 북극항로 운항을 위해서는 '아이스 파일럿'을 의무적으로 승선시켜야 한다.

아이스 파일럿을 태우는 일은 쉽지 않았다. 북극해의 거친 파도 때문이었다. 결국 당초 25일 오전 노르웨이 바르도항에서 승선할 예정이었던 아이스 파일럿은 이날 저녁 7시 40분 노르웨이 키르키네스항 입구에서 간신히 배에 올랐다. 이로 인해 스테나 폴라리스호는 배를 돌려 노르웨이 키르키네스항 입구까지 이동하느라 반나절 정도 일정을 손해 봤다. 아이스 파일럿 역시 급하게 비행기를 타고 바르도항에서 키르키네스항까지 이동해야 했다.

◆ 9월 30일(출항 15일차)

30일 오전 8시. 스테나 폴라리스호는 북극항로 9개 항만 중 하나인 딕슨항 인근 앞바다에 닻을 내렸다. 세베르나야제믈랴 남쪽에 위치한 마티센 해협과 빌키츠키 해협을 지나기 위해서는 쇄빙선이 필요했기 때문이다. 애초 스테나 폴라리스호는 30일 오후 러시아 쇄빙선과 조우할 예정이었다. 그러나 지난 25일 노르웨이에서 아이스 파일럿을 태우기 위해 반나절 이상을 허비하면서 일정이 늦어져 쇄빙선이 다른 배를 안내하기 위해 먼저 출발하면서 스테나 폴라리스호는 딕슨항 인근에서 12시간 이상을 대기해야 했다.

스테나 폴라리스호가 쇄빙선을 뒤따르고 있다. 선박은 얼음의 상태가 양호할 경우 쇄빙선과 2km, 얼음의 양이 많으면 1km 내외로 거리를 유지한다.

저녁 9시가 되자 멀리서 환하게 불을 밝힌 러시아 쇄빙선이 스테나 폴라리스호를 향해 다가왔다. 스테나 폴라리스호의 안내를 맡은 러시아 쇄빙선은 타이미르(TAIMYR)호. 이는 원자력 쇄빙선으로 세베르나야제믈랴와 케이프 타이미르 사이에 위치한 마티센 해협과 빌키츠키 해협의 통항을 전담한다.

◆ 10월 1일(출항 16일차)

새벽부터 조종실이 소란스러워졌다. 유빙들이 나타나기 시작한 것. 마티센 해협에 들어서자 두께가 50센티미터 정도 되는 초년빙들이 나타났다. 여름이 끝나고 가을로 접어드는 시점이라 유빙의 크기

쇄빙선이 만들어내는 바닷길을 빼면 사방은 모두 하얀 눈으로 덮여 있었다. 쇄빙선이 얼음을 제칠 때마다 '쩍'하는 얼음이 갈라지는 소리가 들렸다.

는 크지 않았지만 충분히 북극에 가까이 왔음을 느낄 수 있었다.

얼음으로 덮인 지역에서 들어오면서 모든 의사결정은 쇄빙선 선장 몫이었다. 쇄빙선 타이미르호는 우리 배에 "속도는 10노트로 유지하고 쇄빙선과의 간격은 1km 내외로 유지하라"고 지시했다. 통상 얼음의 상태가 양호할 경우 쇄빙선과 뒤따르는 선박의 거리는 2km를 유지한다. 1km 내외로 가깝게 붙어서 따라오라는 것은 그만큼 얼음의 양이 많다는 것이다.

아이스 파일럿인 세르게이 니콜렌코는 "항로 주변의 기상, 해상, 얼음의 상태 등을 종합적으로 분석해 쇄빙선과의 거리를 결정하는데 오늘은 평소 이맘때보다 얼음이 많이 얼어 있다"고 설명했다.

◆ 10월 4일(출항 19일차)

마티센 해협과 빌키츠키 해협에는 연꽃 모양의 얼음들이 바다를 떠다녔다. 연꽃 모양의 이들 얼음은 초년생 얼음인 '팬케이크 아이스'. 아이스 파일럿의 설명에 의하면 이 팬케이크 아이스가 시간이 지나면 서로 엉겨 붙어 두께 1미터 이상의 큰 유빙이 된다고 한다.

3일간 팬케이크 아이스 지역을 지난 스테나 폴라리스호는 마티센 해협과 빌키츠키 해협을 지나 2차 쇄빙선과 만날 예정인 뉴시베리아섬 초입에 도착했다. 그러나 쇄빙선을 만날 수 없었다. 이번에도 쇄빙선과 일정이 어긋나 망망대해에서 하릴없이 3일을 기다려야 했다. 쇄빙선을 기다리며 묘박해 있는 사이 바다코끼리들이 바다에 떠 있는 거대한 쇳덩어리에 관심을 보이며 몰려들기도 했다.

◆ 10월 7일(출항 22일차)

4일 만인 7일 새벽. 러시아 쇄빙선 바이가치호가 모습을 드러냈다. 4일간 엔진을 멈추고 바다에 떠 있던 스테나 폴라리스호가 다시 움직이기 시작했다.

그러나 뉴시베리아섬을 지나자마자 배는 항로는 바꿔 남하할 수밖에 없었다. 예상보다 두꺼운 얼음들이 나타나 더 이상 동쪽으로 전진하기 어려워졌기 때문이다. 7일 밤 스테나 폴라리스호는 북위 78도 부근에서 선수를 남쪽으로 돌려 러시아 연안까지 100km 이상을 내려온 후에야 동시베리아해를 향해 동진을 계속할 수 있었다.

동시베리아해에 가까이 오면서 바다는 자취를 감췄다. 아직 10월 초인데도 이미 온 바다가 꽁꽁 언 상태였다. 그 위에 눈까지 내려 쇄빙선이 만들어내는 바닷길을 빼면 사방이 모두 하얀 눈으로 덮여 있었다.

쇄빙선이 얼음을 제칠 때마다 '쩍'하는 얼음이 갈라지는 소리가 들렸다. 깨진 얼음들은 쇄빙선을 뒤따르던 스테나 폴라리스호에 부딪치며 '쿵'하는 큰소리를 냈다. 두께가 1미터에 달하는 얼음이 배에 부딪치자 배가 심하게 흔들렸다. "얼음이 얇은 지역만을 찾아서 가는 중"이라는 아이스 파일럿의 말을 믿기가 힘들었다.

한낮 기온은 이미 영하 10도 아래로 내려갔고 낮에도 짙은 안개와 눈보라가 시야를 가려 운항에 어려움을 겪었다. 그러나 예년보다 일찍 두꺼워진 얼음이 예상치 못한 수확을 안겨주기도 했다. 8일 오전 스테나 폴라리스호 앞에 북극곰 한 마리가 나타난 것. 선장은 "북극항로를 자주 다니지만 북극곰을 본 것은 이번이 처음"이라며 "한국에서 기자들이 온 것을 알고 북극곰이 특별히 선심을 쓴 것 같다"며 농담을 건네기도 했다.

◆ 10월 11일(출항 26일차)

북극항로를 통과해 베링해에 들어섰다. 오후 4시 30분쯤 선장이 "방금 동쪽 끝 지점인 북위 66도 5분선을 지났다"고 선내 방송으로 알려왔다. 스테나 폴라리스호 선원들과 한국인 시범운항단은 북극항로를 벗어난 것을 축하하며 갑판으로 태극기를 들고 기념촬영을 하며 기뻐했다.

◆ 10월 21일(출항 35일차)

21일 오후 4시. 북극항로 시범운항단을 태운 스테나 폴라리스호는 광양 외항에 닻을 내렸다. 대한민국 최초로 시도한 북극항로 시범운항이 성공하는 순간이었다. 배에서 내리려는 기자에게 승무원들이 축하의 악수를 건넸다.

9월 16일 저녁 러시아 우스트루가항을 출발한 배는 35일 동안 총 1만 5,600km를 달려왔다. 운항 중 두 번의 얼음 구간을 만났고 거센 파도와 눈보라 등 악천후로 고생하기도 했다. 발트해에서 출발해 남해까지 오는 동안 12번 시간 변경선을 지났고 날짜 변경선을 지나 날짜가 바뀌는 특이한 경험도 했다. 북극해에서만 볼 수 있다는 북극곰, 바다코끼리 등과 조우하기도 했다.

북극항로 시범운항은 도착 예정일보다 5일 정도 늦은 21일에 광양에 도착했다. 예상보다 북극해 얼음이 많기도 했고 북극항로를 이용하는 선박이 늘어나면서 쇄빙선 이용을 위한 대기시간이 길어졌기 때문이다. 그러나 여전히 평균 45일 걸리는 수에즈 항로보다 열흘을 절약할 수 있었다. 전문가들은 북극해의 얼음이 더 녹아 쇄빙선 없이 통항이 가능해지면 유럽과 한국을 오갈 수 있을 것으로 전망하고 있다.

북극항로 시범 운항 기록

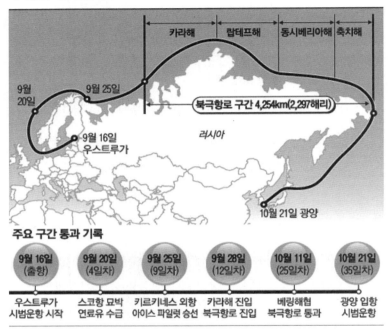

남청도 한국해양대학교 교수는 "연료비만 따지더라도 10일이면 약 2억 원을 절감한 셈"이라며 "이번 시범운항은 대서양과 태평양을 잇는 신 해양실크로드 상용화의 첫발을 내디딘 것"이라고 말했다.

조성제
부산상공회의소 회장

🔊 Q. 부산 상공회의소 회장으로 많은 일을 하고 있는데 해양수도 부산의 위상을 되찾기 위해 부산 상공계는 어떤 노력을 하고 있는가?

🔊 A. 사실 부산에서 추진되는 현안 대부분이 해양수도 부산의 위상을 강화하기 위한 사업이다. 하지만 선택과 집중을 해야 하는 사업을 말한다면 가덕 신공항 건설과 해양선박 정책금융기관 설립이라 하겠다.

김해공항을 가덕도로 이전해 안전하고도 24시간 운영 가능한 신공항을 건설하고자 하는 것은 항만경쟁력을 강화하고 물류거점으로서 부산의 지정학적 강점을 활용하기 위한 것이다. 한마디로 'Sea & Air 복합 물류시스템'을 만드는 것이다.

부산상의는 백지화 이후 구심체를 잃은 신공항건설사업에 대한 응집력을 다시 모으기 위해 지난 2012년 10월 (사)김해공항가덕이전시민추진단을 설립했다. (사)김해공항가덕이전시민추진단은 상공계를 비롯한 학계와 시민·사회단체가 주축이 되어 시민의 힘으로 신공항 건설의 염원을 실현하기 위한 것이다. 시민추진단은 설립 이후 전문가 토론회,

가덕 신공항 입지 걷기대회, 김해공항 가덕 이전의 염원을 담은 소망비행기 날리기 행사, 중앙부처 관계자 방문 건의 등 다양한 활동을 해오고 있다.

해양선박 정책금융기관 설립은 부산의 전략산업을 육성하고 금융중심지 부산의 위상을 새롭게 정립하기 위한 것이다. 그동안 부산은 해양선박 정책금융기관으로 선박금융공사의 부산설립을 줄곧 요구해 왔다. 부산이 해양수도로서 위상을 굳건하고 전략산업인 조선·조선해양기자재산업과 해운관련산업의 경쟁력 강화를 위해서는 해양·파생금융지로 특화된 발전 전략이 필요하다.

부산상의는 선박금융공사 설립을 위한 다양한 세미나와 간담회를 개최해 왔다. 이를 통해 선박금융공사 설립과 그 방안에 대한 논의를 지속적으로 펼쳐오고 있다. 하지만 정부가 선박금융공사 설립에 난색을 표하고 있어 앞으로 해결해야 할 과제가 많은 것도 사실이다. 따라서 부산상의는 부산시, 시민단체, 지역정치권 등과의 유기적인 협력을 통해 해양선박 정책금융기관 설립이라는 부산의 요구를 관철시키는 데 역량을 모아갈 생각이다.

🔊 Q. 부산경제가 예전보다 많이 침체돼 있는데, 그런 측면에서 부산경제의 가장 큰 현안과 과제는 무엇인가

🔊 A. 한때 전국 비중이 9.5%에 이르던 부산의 GRDP 비중은 2011년 5.0%로 절반 가까이 감소했다. 1972년 30%에 육박하던 부산수출

의 전국 비중 역시 2011년에는 2.6%로 거의 십분의 일 수준에 그치고 있다. 이것이 지금 부산경제의 현실이다.

부산경제가 이렇게 된 데는 1990년대 중반까지 20년 이상을 성장억제 및 관리 지역으로 묶여 성장의 핵심동력이라 할 수 있는 기업유치, 공장 신증축이 어려워졌기 때문이다. 또 이러다보니 산업구조 고도화에도 실패할 수밖에 없었다.

하지만 지난 10여 년 이상 부산은 경제중흥을 위해 노력해 왔다. 그리고 지금은 도시 발전을 위한 다양한 현안이 추진되고 있으며 역외로 나갔던 기업들 역시 산업단지 인프라가 확충되면서 다시 부산으로 돌아오고 있다.

현재 부산은 '동북아 항만물류비즈니스 중심도시 건설'을 목표로 김해공항 가덕 이전, 부산항 북항 재개발, 도심철도시설 이전, 선박금융공사 설립, 동부산관광단지 조성 등 다양한 현안들을 추진하고 있다.

이들 현안 중에서도 가장 역점을 두고 추진하고 있는 것은 신공항 건설이다. 현재 부산과 경쟁하고 있는 싱가폴, 홍콩, 상하이 등은 24시간 비행기가 뜨고 내리는 대형해안공항을 가지고 있다. 부산이 이들 도시와 경쟁하기 위해서는 반드시 신공항 건설이 필요하다.

김해공항은 국제민간항공기구(ICAO)가 제시하는 기준보다 사고위험이 29배나 높다. 지난 2002년 중국민항기 돗대산 추락은 이러한 사실을 여실히 보여준 사건이었다. 뿐만 아니라 저녁 11시부터 다음날 6시까지 7시간 동안 운영이 불가능해 사실상 국제공항으로서의 역할이

어려운 상황이다.

따라서 부산경제가 새로운 도약의 전기를 마련하기 위해서는 김해 공항을 가덕도로 이전해 신공항을 건설하는 것이 가장 시급한 과제다. 2014년 8월까지는 신공항 건설에 새로운 전기가 될 항공수요 조사결과가 나올 예정인 만큼 이 결과를 보고 앞으로의 신공항 건설 추진 전략을 마련해 나갈 생각이다.

🔊 Q. 부산지역 상공계가 북극항로 시대에 대비하기 위해 발 빠른 움직임을 보이고 있는데 어떤 준비를 하고 있는가?

🔊 A. 부산 상공인들은 북극항로가 장기적으로 부산항의 운명을 결정하는 데 매우 중요한 변수가 될 것이란 인식을 같이하고 있다. 부산 상의는 2013년 6월에 '북극해 항로 시대를 대비한 부산경제 발전 방안 연구 용역'을 발주했고 그해 12월에 완료했다. 보고서에는 북극항로가 부산항과 부산경제에 미치는 영향과 북극항로 시대의 부산경제 발전 방안이 무엇인지 제시되어 있다. 또한 중앙정부, 지방자치단체 및 지역 기업들이 준비할 사항과 정책 제언도 함께 들어 있다. 따라서 용역결과를 바탕으로 북극항로 시대에 대비해 나갈 생각이다.

장기적으로는 전문가그룹의 의견을 듣고 이를 부산의 북극항로 대비 전략에 반영할 수 있도록 하는 '북극해 비즈니스 포럼'을 만들 예정이다. 뿐만 아니라 부산과 인근에 집적된 해양기관, 해운해사, 조선소, 해양관련 대학 등을 중심으로 '북극해 준비 위원회'를 구성해 북극항로 시대를 대비해 기업의 이익을 극대화하는 방안을 지속적으로 연구할 계획이다.

🔊 Q. 북극항로 시대가 곧 열릴 것으로 보이는데 부산경제에는 어떤 영향을 미칠 것으로 보고 있나?

🔊 A. 북극항로는 우리나라에서 유럽까지 수에즈 운하를 거쳐 가던 기존 항로에 비해 거리상으로는 2만 2,000km에서 1만 3,000km로 38% 단축 효과가 있다. 운항 일수로는 40일에서 30일로 10일이나 줄일 수 있어 물류비 절감 효과가 크다.

향후 북극항로를 이용하는 동아시아 국가의 교역물량은 지속적으로 증가할 전망이어서, 2030년에는 한국, 중국, 일본, 대만, 필리핀, 홍콩 등의 컨테이너 물동량 중 약 7%인 4,844만TEU가 북극항로를 이용할 것으로 예상된다.

북극항로를 이용하는 컨테이너 화물 운송이 증가하면 동북아 지역의 컨테이너 허브항만인 부산항은 지정학적 경쟁력을 확보할 수 있다. 실제 부산항은 중국, 일본의 주요 항만들 사이에 위치해 있어 허브항만으로서 최적의 입지를 갖추고 있다.

북극항로가 상용화되면 대한해협은 많은 선박이 통과하는 길목이 되면서 선박급유, 선용품, 선박수리 및 관리 등을 위한 산업의 수요가 크게 증가할 전망이다. 또한 내빙선을 비롯한 북극자원개발을 위한 해양 플랜트 수요 증가로 국내 조선 및 조선기자재 산업에도 새로운 기회를 제공할 것으로 예상된다.

🔊 Q. 북극항로 시대를 대비해 부산의 경쟁력을 강화하기 위한 방안은 무엇이라고 생각하나?

🔊 A. 북극항로 시대에 부산이 경쟁력을 갖추기 위해서는 무엇보다도 북극항로를 통과하는 선박들이 부산항을 많이 이용하도록 해야 할 필요가 있다. 즉, 부산항을 기·종점으로 하는 한국과 유럽 간 수출입 화물이 증가하거나 부산항에서 환적되는 화물이 많아져야 한다.

현재 부산항의 컨테이너 환적 화물 비중은 약 48%다. 따라서 이러한 환적 화물을 지속적으로 유치하고 증가시킬 수 있도록 항만 관리 및 운영 전략이 필요하다.

이를 위해 단기적으로는 북유럽 국가로부터 수입된 벌크 화물이 국내 목적지에 하역된 후, 부산항에서 북유럽 국가로 수출되는 컨테이너 화물을 싣고 갈 수 있도록 컨·벌커선(Conbulker) 해상운송항로 개척이 필요하다.

중장기적으로는 2020~2030년경 컨테이너 화물 운송 확대를 대비한 항로 선점이 중요하다.

또한 선용품, 선박금융, 선박급유, 선박관리 산업들이 성장할 수 있도록 항만을 비롯한 관련 인프라 확충에도 세심한 관심을 기울여야 할 것이다. 뿐만 아니라 현재 계획 중인 '해양경제특별구역 제도', '유류중계기지 조성', '수리조선 클러스터 조성' 등의 사업에도 속도를 낼 필요가 있다고 본다.

🔊 Q. 부산은 천혜의 지리적 이점을 가진 해양도시다. 해양산업 육성이 부산의 최대 과제이기도 한데 부산의 해양관광산업 발전을 위한 과제는 무엇인가?

🔊 A. 그동안 부산은 해양산업 가운데 컨테이너화물 하역·운송·보관 중심의 항만물류산업을 집중 육성해 왔다. 부산이 동북아 해양수도가 되려면 이젠 항만물류뿐만 아니라 해양관광, 해양레저, 해양에너지, 해양플랜트 등으로 다변화된 산업 경쟁력을 갖추어야 한다.

부산은 산·바다·섬·온천·강 등 천혜의 자연환경을 갖추고 있어 세계적인 해양관광 도시로 발전할 수 있는 잠재력이 풍부하다. 하지만 다양한 자원에도 불구하고 현재 부산의 해양관광은 해수욕장에 편향되어 있는 편이다. 해양관광기반시설도 부족하고 해양관광자원의 효율적 관리도 미흡하다.

따라서 수상교통터미널, 해양테마파크, 호텔 및 휴양시설 등의 해양관광 인프라 확충과 더불어 이와 연계한 크루즈 상품, 해양레저 스포츠 프로그램 등 해양관광상품도 지속적으로 개발해 나가는 전략이 필요할 것으로 본다.

그리고 증가하는 국내 해양관광 수요에 대응하고 해양관광 활성화를 위해 해양관광과 관련된 법률과 제도 정비도 우선되어야 한다.

시베리아횡단철도 시대

　박근혜 정부의 핵심 과제인 '유라시아 이니셔티브'는 부산에서 출발한다. 이 프로젝트의 핵심 중 하나가 동아시아와 유라시아를 연결하는 초광역 철도 실크로드 익스프레스(SRX)다. 이 철도는 부산을 출발해 북한-중국-중앙아시아-유럽(런던이나 스페인)을 연결한다. 이를 계기로 향후 전력망이나 가스관, 송유관 등 에너지 인프라 연계를 통해 중국의 셰일가스, 동시베리아의 석유·가스 등을 공동 개발하는 에너지 협력방안도 활성화될 것으로 보인다. 유라시아는 지구 면적의 40%, 세계 인구의 71%, 전 세계 GDP의 60%를 차지하는 거대시장이지만, 지금껏 우리나라는 이 지역과 제한적 교류와 협력을 했다.

　이에 유라시아를 하나의 경제블록으로 묶는다면 우리나라는 새로운 경제발전 계기를 마련할 수 있다. 유라시아 단일시장 형성은 역외 국가들과의 무역 장벽을 허무는 데도 도움이 된다. 박근혜 대통령은

2013년 10월 서울에서 열린 '유라시아 시대의 국제협력 컨퍼런스' 기조연설에서 "유라시아 동북부를 철도와 도로로 연결하는 복합 물류 네트워크를 구축하고 궁극적으로 이를 유럽까지 연결하자"며 "새롭게 열리고 있는 북극항로와 연계해 유라시아 동쪽 끝과 해양을 연계하는 방안도 적극 모색해야 한다"고 말했다.

부산에서 러시아까지 철도로

'유라시아 이니셔티브'의 출발점이자 종착점은 부산이다. 동아시아와 유라시아를 연결하는 초광역 철도 실크로드 익스프레스(SRX) 프로젝트는 부산을 빼놓고 설명할 수 없다. 이 프로젝트가 추진되면 부산항에서 나진항까지 배를 타고 이동해 나진에서 하산을 거쳐 모스크바로 갈 수 있다. 남북관계가 개선되면 이론적으로는 부산에서 기차를 타고 북한을 거쳐 유럽으로 가는 길이 열리는 셈이다. SRX 프로젝트는 유라시아 관문도시 부산의 위상을 더 공고하게 해줄 것으로 기대된다. 부산에 신공항까지 들어선다면 부산은 항만-철도-공항이 연계된 동북아 메가포트로의 기능이 가능해진다.

전문가들은 유라시아 교통 물류의 기종점인 나진·선봉과 부산·후쿠오카를 연결하는 관문 경제권이 형성될 것으로 전망했다. 2008년부터 시작된 부산-후쿠오카 초국경 광역경제권을 기반으로 시베리아횡단

철도(TSR)와 중국 동북 3성 기종점인 나진과의 경제협력이 활발해진다는 것이다. 특히 에너지자원이 풍부한 극동러시아와의 활발한 경제협력은 블라디보스토크-부산-후쿠오카를 연결하는 가스파이프라인 건설로 이어져 부산을 중심으로 울산과 여수가 '동북아 에너지허브'로 거듭날 것으로 기대된다.

특히 러시아와 북한 합작사업인 나진·하산 프로젝트에 국내 기업들이 참여할 수 있게 된 것은 정부의 '유라시아 이니셔티브' 실현에 중요한 토대가 될 것으로 기대된다. 나진·하산 프로젝트는 러시아 극동인 하산과 북한 나진 사이 54km 철로 개보수와 나진항 현대화 공사다. 이 프로젝트는 러시아 철도공사와 북한 나진항이 '라손콘트란스'란 합작회사를 설립해 2008년부터 추진해 오고 있다. 러시아 극동의 국경역 하산과 북한 나진항을 잇는 54km 구간 철로 개보수와 나진항 현대화 작업, 복합물류사업 등이 골자다.

2013년 11월 한·러 양국은 양해각서(MOU)를 통해 코레일과 포스코, 현대상선 등 3개사 컨소시엄이 2,100억 원을 투자, 북·러 합작사의 러시아 측 지분 70% 가운데 절반 정도를 인수하면서 이 프로젝트에 참여키로 했다. 이에 우리나라는 나진항을 이용하는 동북아지역 물류사업에 본격 가세하면서 시베리아횡단철도(TSR)와 한반도종단철도(TKR) 연결사업을 위한 초석을 놓게 됐다.

러시아는 이와 함께 물류사업의 일환으로 장기 임대한 나진항 3호 부두에 현대화된 화물 터미널 공사에도 박차를 가하고 있다. 현재 3만

유라시아 횡단 철도 노선

	구간	총 연장
시베리아 횡단철도(TSR)	블라디보스토크(러)~모스크바(러)	9,297km
한반도 종단철도(TKR)	부산~나진	1,295km

톤급 화물선이 접안할 수 있도록 바다 수심을 키우는 작업과 선적 및 하역시설 개보수 작업이 진행되고 있다. 북한은 1991년 나진·선봉을 자유무역지대로 선포하면서 나진항을 자유무역항으로 지정한 바 있다. 나진항은 러시아의 TSR로 연결되는 나진-하산 구간 철로가 부두 앞까지 연결돼 있어 항만 현대화 공사가 마무리되면 TSR의 기종착 지점으로 중요한 역할을 하게 될 것으로 예상된다.

　이렇게 되면 중장기적으로 한국을 포함한 동북아시아 국가들은 유럽행 수출 화물을 나진항으로 끌어들여 개보수된 나진-하산 구간 철도와 TSR을 이용해 유럽까지 운송하는 복합물류체계가 가능해진다.

철길 따라 가스관 연결 - 北, 한 해 1억 달러 수입

유라시아 대륙을 잇는 철도는 한반도 투자를 촉발하는 방아쇠이자 한반도가 주요 10개국(G10)에 진입하는 첫 단추다. 이는 단순히 남과 북을 연결하는 데 그치지 않고 한반도를 유라시아 대륙의 한 축으로 탈바꿈시킬 동력이기 때문이다. 특히 이 철도는 한반도 개발의 촉매제는 물론 에너지 분야에서 한국, 북한, 러시아에 모두 이득이 될 것으로 예상된다.

나희승 한국철도기술연구원 책임연구원은 "유라시아 철도의 핵심은 한국과 북한을 한반도통합철도망(TKR)으로 구축하고 한 걸음 더 나아가 이를 시베리아횡단철도(TSR)에 연결해 유라시아 철도를 구축하는 것"이라며 "통상 철도 옆길을 따라 가스관을 연결할 수 있기 때문에 가스관 프로젝트를 추진하면서 자연스레 철도 사업을 진행하는 것이 시너지를 낼 수 있다"고 설명했다.

이러한 북한 경유 가스관 노선은 TKR와 TSR, 전력선, 광케이블, 도로 등 사회간접자본(SOC) 확충에도 큰 도움이 될 것으로 기대된다. 이는 북한에도 큰 호재가 될 것으로 보인다. 북한의 경우 두만강 하구에서 휴전선까지 북한을 종단해 약 750km에 달하는 지역에 가스관 매설, 가압설비, 송전시설 등을 위한 토지만 제공하면 된다. 전문가들은 가스관 통과료로 연간 1억 달러 이상을 최소 30년간 보장받을 것으로 평가하고 있다. 가스관 건설 과정에 북한은 값싼 노동력을 투입하

유라시아 철도망 구상

고 외화도 벌 수 있다.

이처럼 유라시아 철도는 정확히 남북한-러시아 가스관사업과 오버랩된다. 파이프라인(PNG) 노선은 블라디보스토크에서 북한의 원산, 고성을 거쳐 인천에 도달한다. 최단거리 노선으로 총 1,122km다. 러시아(150km)-북한(740km)-남한(232km) 수준이다. 또 고성에서 삼척으로 연결하면 가스관을 100km 단축할 수 있다. 하지만 이는 정치적 타협을 전제로 한다. 남·북·러 3국의 국가 간 안전보장협정(IGA, Inter-Governmental Agreement), 배관운영회사와 통관국 간에 통과국 협정(HGA, Host Government Agreement)이 필수적이다.

철도 연결은 단순 가스관 사업에 이익만 되는 것은 아니다. 한국은 유라시아 대륙이 된다. 철도수송 분담률을 1%만 늘려도 연간 6,000억 원에 달하는 비용이 절감될 수 있다는 분석이 있다. 현재 한국과 러시아 간 직교역 화물량은 2010년 90만 톤에서 2025년 201만 톤으로, 환적 화물량은 같은 기간 194만 톤에서 475만 톤으로 각각 불어날 전망이다.

유라시아 철도가 에너지와 수송에 방점이 찍혀 있다면 동북아 철도 (서해안권)망은 인적·물적 자원의 철길이다. 이 길을 따라 북한 인구의 약 62%가 몰려 있어 동북아 철도망 건립은 남북한의 경제통합을 뜻하기 때문이다. 나희승 책임연구원은 서해망과 동해망의 철도 현대화 비용으로 각각 13억 달러(약 1조 4,703억 원), 24억 달러(약 2조 7,144억 원)를 꼽고 있다.

한·러 유라시아 개발펀드 조성

박근혜 대통령은 2013년 11월 블라디미르 푸틴 러시아 대통령과 한·러 정상회담을 열어 '유라시아 이니셔티브' 실현을 위한 협정을 맺었다. 두 정상은 정상회담에서 향후 5년간 양국 간 발전 방향에 대해 청사진을 제시하는 공동성명을 채택했다. 이 정상회담에서 양 정상은 우리 측 수출입은행과 러시아 대외경제개발은행(VEB)이 3년간 절반씩 10억 달러 규모의 유라시아 개발펀드(가칭)를 조성하는 데 합의했다. 이 자금은 북한과 러시아를 포함한 유라시아 부흥을 위한 인프라 스트럭처 개발 투자에 쓰일 예정이다.

또 북한 나진시 개발에 참여하는 우리 측 컨소시엄을 돕고자 수출입은행이 총 3조 원 규모 보증을 지원할 방침이다. 3조 원대 수출입은행 금융 지원은 사실상 우리 정부 보증으로 풀이된다. 그만큼 러시아와 북한에 대한 민간기업 투자가 촉진될 것으로 기대를 모으고 있다. 선박 협력 부문에서는 러시아 극동 항구인 나호트카항이나 보스토치니항에 한러 합작 LNG 조선소를 설립하는 방안도 논의키로 했다.

민간 협력부문에선 희림 컨소시엄과 러시아 이르쿠츠크주 공영펀드인 '슬로보다'가 협력한다. 총사업비는 5조 원 규모로 우리 측 컨소시엄이 바이칼 스마트시티 건설 마스터플랜 설계를 맡는 것이 골자다. 이 사업은 300헥타르 면적의 대지에 주정부청사, 주거단지, 스포츠콤플렉스 복합단지를 건설하는 사업이다. 연면적 약 300만㎡ 규모로 개발될 예정이다.

기회의 땅 블라디보스토크

매일경제는 일찌감치 블라디보스토크를 주목했다. 매일경제는 2013년 7월 3일부터 5일까지 매경 블라디보스토크 포럼을 개최하며 각계의 큰 반향을 일으켰다. 당시 포럼에는 러시아 관영 통신사인 이타르타스를 비롯해 로시야, OTV 등 주요 매체 100여 명의 기자들이 취재를 다녀갔다. 당시 러시아 정부 측은 "블라디보스토크에서 이렇게 많은 사람이 모이기는 처음"이라며 "연해주를 포함한 극동 경제가 나아갈 길을 보는 것 같다"고 평가했다.

블라디보스토크에는 당시 국내에서 역대 최대 규모의 투자 사절단이 방문했다. 한국 정부 대표로 한진현 산업통상자원부 2차관이 포럼을 위해 블라디보스토크를 방문했다. 블라디보스토크시와 자매결연 도시인 부산시에서는 이영활 부시장이 대표로 참석했다. 재계에서는 구자열 LS그룹 회장, 강호문 삼성전자 부회장, 하영봉 LG상사 사장, 양봉진 현대자원개발 사장 등이 블라디보스토크를 방문했다. LG상사는 러시아 사하공화국 에렐 유연탄광 개발사업에 외국 기업 최초로 지분 참여를 하는 등 극동지역 기반 다지기에 성공했다. 현대자원개발은 연해주에 2만 1,000헥타르 규모의 농장을 운영 중이다. 삼성전자 역시 러시아 현지에서 사회공헌활동을 통해 브랜드 인지도를 탄탄히 다져 나가는 중이다. LS그룹은 이번 포럼을 계기로 추진 중인 투자사업을 점검하고 향후 진출계획을 가다듬었다. 이번 사절단에는 국내 중소기업인들 역시 대거 포함됐다. 특히 중소기업중앙회 김기문 회장은 11명의 회장단과 15명의 대한민국 대표 중소기업인을 이끌고 극동 지역 네트워킹에 나섰다.

러시아 측에서도 이번 행사에 블라디미르 미클루셉스키 연해주 주지사, 이고리 푸시카레프 블라디보스토크 시장을 포함한 주정부 및 극동개발부 고위 인사와 현지 기업인 등 100여 명이 참가하는 등 이번 행사에 높은 관심을 드러냈다.

그렇다면 왜 우리는 블라디보스토크에 주목해야 할까. 우선 블라디보스토크는 태평양과 대륙을 잇는 거점 항구. '블라디(Vladi, 정복하다)+보스토크(Vostok, 동쪽)'라는 이름 그대로 러시아 정부 극동정책의 핵심 거점이다. 러시아의 경제영토를 넓히기 위한 극동 개발의 핵심지역이 블라디보스토크다. 극동 러시아 개발을 통해 미국-중국-일본을 견제하면서 동북아 패권의 주도권을 쥐겠다는 생각도 있다.

러시아는 이미 극동개발부를 신설해 각종 블라디보스토크 개발 프로젝트를 가동하고 있다. 2013년 9월에는 이곳에서 APEC(아시아태평양경제협력체) 정상회의를 개최하기도 했다. 블라디보스토크 개발은 한국에게도 큰 기회다. 극동 러시아는 한국과 가스, 물류, 건설, 철도, 석유화학, 자동차, 조선, 철강, 전력, 농수산업 등 다양한 분야에서 경제협력을 할 수 있다. 극동 러시아는 석유, 천연가스, 석탄 등 풍부한 자원을 갖고 있다. 석유매장량은 세계 7위, 천연가스는 세계 1위, 석탄은 세계 2위를 자랑한다. 극동 러시아 면적은 러시아 전체의 36.4%를 차지한다. 그러나 블라디보스토크 인구는 62만 명, 이를 포함한 극동 러시아 인구는 700만 명에 불과하다. 내수시장이 작아서 자생적으로 도시가 성장하는 데 한계가 있다. 러시아 정부는 해외기업 투자 유치에 상당히 공들이고 있다. 특히 유럽 경제가 침체된 상황에서 아시아태평양 국가와의 경제협력에서 성장동력을 찾고 있다.

이런 상황에서 블라디보스토크는 여전히 도로와 항만 등 사회간접자본(SOC) 구축이 미비하기에 한국에게는 '기회의 땅'이다. 건설·토목을 비롯해 각종 개발의 기회가 무궁무진하다. 2018년 러시아 월드컵 등 각종 대규모 이벤트를 통해 개발 수요는 더욱 늘어날 것으로 기

블라디보스토크

대된다. 특히 블라디보스토크는 한인 이주와 항일 해방운동의 성지인 만큼 역사적으로 친밀도가 높다. 약 150년 전, 조선시대 말 한인들이 농지개척을 위해 블라디보스토크에 정착한 뒤 '고려인 개척리'를 만들 었고, 이어 러시아 당국 이주정책에 따라 외곽지역에 '신한촌'을 세웠 다. 이들은 일제강점기 때 독립운동에 적극 나섰다가 피습당하기도 했 으며 1937년에는 스탈린의 강제이주 정책에 따라 중앙아시아로 밀려 났다가 해방 후에 일부 돌아왔다. 블라디보스토크는 역사적으로나 정 치·경제·외교적으로 봐도 우리에게 미래의 땅이며 기회의 땅임에 틀림 이 없다.

Part 2

대한민국의
현주소

반쪽 신세로 전락한
한국의 해양도시

한국의 해양도시들은 반쪽 신세다. 공항과 항만이 함께 경쟁력을 발휘하고 있는 도시가 없기 때문이다. 인천에는 공항만 있고 부산에는 항만만 있다. 인천은 항공물류 순위는 세계 5위이지만 항만물류 순위는 62위다. 부산은 항만물류 순위가 세계 5위이지만 항공물류 순위는 아예 100위권 밖이다.

항만과 공항의 시너지를 극대화하는 건 '선택이 아닌 필수'다. 육·해·공 복합물류를 실현하고 글로벌 공급망을 관리하는 핵심이기 때문이다. 우리나라와 경쟁하는 아시아 해양 도시들인 상하이와 싱가포르, 홍콩, 선전 모두 항만과 공항을 균형 있게 발전시키고 있다. 유독 대한민국의 해양도시들만 세계적인 대세를 거스르고 있는 것이다.

공항만 있는 인천, 항만만 있는 부산

그림에서 보는 것처럼 국내 해양도시들과 아시아 해양도시들과의 경쟁력 격차는 심각하다. 홍콩, 싱가포르, 상하이, 선전 등은 항공과 항만이 고루 발전되어 있어 시너지 효과를 발휘하고 있지만 인천은 항만 경쟁력에서 부산은 항공 경쟁력에서 너무나 취약하다.

먼저 세계 주요 해양도시들의 경쟁력을 살펴보자.

세계 1위 컨테이너항만인 중국 상하이항의 경우 2010년 2,907만 TEU의 컨테이너를 처리해 사상 처음 세계 1위 항만이 되었다. 이후 2011년 컨테이너 처리량 3,000만TEU를 돌파했고 2012년에는 3,252만 9,000TEU를 달성했다. 2013년에도 3,000만TEU를 가뿐히 넘어설

뒤처진 해양도시

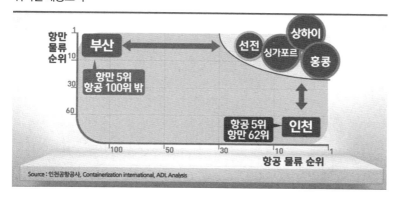

것으로 예상돼 세계 1위 항만의 입지를 굳건히 유지하고 있다.

상하이항 컨테이너 물동량은 오는 2015년에는 연간 3,300만TEU로 늘어날 전망이다. 2005년 까지만 해도 연간 물동량이 2,000만TEU에 못 미쳤던 상하이항이 불과 5년 만에 싱가포르, 홍콩을 제치고 1위에 오른 결정적인 이유는 무엇일까. 바로 중국 정부의 전폭적인 지원이 있었기 때문이다. 중국 중앙정부는 상하이 중심가에서 차로 두 시간이나 떨어져 있는 양산항(洋山港)을 상하이로 편입시켜 상하이 물동량에 합산시켰다. 양산항의 경우 수심이 깊어야 접안이 가능한 대형 컨테이너선을 위해 육지에서 30여 km 떨어져 있는 섬 지역에 건설된 전략적 항만이다. 섬과 육지를 다리로 이어 물류 인프라를 확보했을 정도다. 2005년 상하이 양산항 개장과 더불어 중국 고속 경제성장 및 상하이엑스포 등에 따른 국내 내수시장 팽창이 상하이가 세계 물류 중심지로 도약하는 데 큰 도움을 준 것으로 분석됐다.

세계적인 물류중심도시를 보면 항만과 공항의 직선거리가 20km 내외에서 연계되어 효율적인 복합운송체제를 구축하고 있다. 싱가포르항과 창이공항, 홍콩항과 첵랍콕공항, 로테르담항과 스키폴공항, 두바이항과 두바이공항 등이 그 대표적인 예라고 볼 수 있다.

상하이도 예외가 아니다. 상하이항과 푸동공항은 1시간 거리 내에 위치하고 있어 항만과 공항이 시너지 효과를 내고 있다. 특히 푸동공항의 성장세를 주목할 필요가 있다. 푸동공항은 2010년 상하이 세계엑스포에 대비해 지상 4층 연면적 48만㎡ 규모의 제2터미널을 완공,

연간 여객수송 능력을 종전의 2,000만 명에서 6,000만 명으로 무려 3배가량 늘린 상태다. 푸동공항의 국제여객 수는 1,092만 명이고 취항도시도 76개나 되면서 세계 1위인 인천공항을 빠르게 추격하고 있다.

싱가포르는 동남아시장의 관문, '물류허브'로 성장해왔다. 싱가포르는 지리상으로 인도와 중국의 바닷길 요충지에 위치해 있으며, 가까운 거리에 말레이시아와 인도네시아, 캄보디아, 베트남 등 아세안 주요국들이 자리 잡고 있다. 말레이반도의 끝에 붙어 있던 작은 바위섬 싱가포르는 1965년 말레이시아로부터 독립한 지 불과 30여 년 만에 적도지대에 깨끗하고 녹음이 우거진 정원도시국가(Garden-City State)를 만들었으며, 현재 물류경쟁력 1위 국가, 세계에서 기업하기 가장 좋은 국가, 세계 제일의 항구도시, 세계 제일의 항공서비스국가를 만들었다. 협소한 국토, 부족한 자원, 한정된 노동력과 소규모 국내시장이라는 도시국가로의 제약요인에도 불구하고, 지난 40년간 급속한 경제성장을 이루면서 국제적 교역, 물류 중심지로서 눈부신 성장을 이루어냈다. 지금까지도 지속적인 성장을 멈추지 않는 강대국이 되었다.

싱가포르는 해운항만산업에 있어 물류 거점항만 구축만이 국가경쟁력의 첨단병기이자 경제성장의 견인차라는 인식하에 세계 최고의 원스톱 물류서비스를 제공하고 있다. 교통, 물류의 중심지인 싱가포르는 런던, 뉴욕, 홍콩, 동경과 함께 세계 5위권의 외환시장이며 런던, 뉴욕과 함께 세계 3대 원유시장이다.

싱가포르는 '정부주도형' 물류선진을 이끌어낸 대표적 국가라고 할 수 있다. 싱가포르 정부는 물류인프라 확충 및 물류 수요를 촉진하는 방식으로, 물류산업을 '국가 차원의 전략산업'으로 육성하고 있다. 싱가포르 정부는 국가 전반적으로 물류 효율화를 이끌어내기 위해 항만, 공항 등 물류인프라 투자를 대대적으로 확충하고 물류의 첨단정보화를 추진했다. 또한 막대한 국가 재정을 투입하여 싱가포르항구에 자동 하역시스템을 구비하는 등 초대형 항만, 공항 등의 물류인프라를 지속적으로 확충하고 있다.

특히 인프라스트럭처를 구축할 때 설계 초창기부터 항만을 중심으로 물류단지, 공항을 집중적으로 배치해서 물류인프라 간의 연계적 시너지를 극대화하는 방안을 실행했다. 더불어, 싱가포르 정부는 정보화정책을 주요 정책으로 채택하여, 물류정보화를 신속하게 추진해왔다. 이외에도 싱가포르 정부는 국제 선사가 영업 거점을 싱가포르로 이전하는 경우 법인세를 최장 30년간 물지 않도록 해주는 AIS(Approved International Shipping Enterprise)제도를 시행하고 있다. 또 자국의 선박금융을 활용한 선박에 대해선 선박 수명 동안 운항수입 면세(MFI) 혜택도 부여하고 있다. 특히 싱가포르항은 대형 선사들엔 입항료, 접안료 등 부대비용을 대폭 할인해주고 있다. 또한, 현재 싱가포르항만공사(PSA)는 싱가포르에만 머물지 않고 부산항을 비롯해 유럽, 미국, 아시아 각국으로 진출해 터미널사업을 운영하면서 세계 항만업계에서 경쟁력을 강화하고 있다.

홍콩항은 2012년 기준으로 2,309만TEU의 물동량을 처리하며 세계 3위에 이름을 올렸다. 한때 세계 1위를 고수하던 옛 영광을 되찾지는 못하고 있지만 여전히 세계적 항만의 자리를 지키고 있다. 전문가들은 홍콩항의 주요 강점으로 지리적 위치, 원활한 환적, 용이한 세관 절차, 발달된 터미널시스템 등을 꼽는다.

홍콩항의 최대 강점은 지리적인 이점에 따른 많은 물동량이다. 홍콩항이 위치한 주장강삼각주지역은 남중국 물량의 상당수가 생산되는 지역이다. 하지만 수심이 낮은 관계로 대형선박 기항이 어려워 소형 바지선을 통해 홍콩항이나 선전항 등으로 이송 후 환적되는 비율이 높다. 또 미주, 유럽, 아시아 등 대부분의 항로 선박이 홍콩항에 기항함에 따라 환적항으로서 경쟁력이 높다는 점도 경쟁력이다.

편리한 세관절차와 세계적 규모의 터미널 구축도 강점이다. 홍콩항은 홍콩국제터미널(HIT)과 모던터미널(MTL) 등 2개의 대표적인 터미널을 갖추고 높은 작업생산성을 제공하고 있다. 부산항 대비 많은 정박지를 확보, 선사에 제공하고 있다는 점도 차별화된 부분이다. 특히 10년 동안 1위 자리를 지키다가 3위로 밀린 홍콩항은 세계 '넘버원'을 되찾기 위해 끊임없는 발전전략을 수립, 이행하고 있다.

먼저 중국 내륙과의 연계 강화와 항만 경쟁력 향상에 주력하고 있다. 이를 위해 추가 항만개발보다는 기존 항만의 처리능력 효율성 제고에 초점을 맞추고 있다. 또 홍콩 환적화물의 90%가 중국 내륙화물이며 주장강삼각주 지역의 화물 유치 여부가 홍콩항의 환적물동량 증가에 결정적인 역할을 하기 때문에 이들 지역과의 연계 강화를 위해 노력하고 있다.

수출입 화물의 운송원가 절감에도 박차를 가하고 있다. 홍콩항은 불과 20km 떨어진 선전항과 비교해 높은 인건비와 트럭 등록비용으로 인해 가격경쟁력에서 뒤처진다는 평가를 받고 있다. 이에 홍콩 정부는 임금이 저렴한 중국의 트럭 기사를 수입해 활용하는 방안을 고려하고 있다.

이밖에 선전-홍콩 서부통로(2007년 개통) 및 홍콩-주하이-마카오대교(2015년 개통 예정) 등 내륙운송 네트워크 확대도 꾀하고 있다. 홍콩-주하이-마카오대교가 완공되면 홍콩-주하이 이동시간을 1시간에서 15분으로 단축할 수 있다. 그 외 도시들도 1~2시간에서 15~20분 내로 이동할 수 있어 물류비용 감소는 물론 관광산업에도 상당한 시너지효과가 기대되고 있다.

네덜란드 로테르담의 경우도 주목할 필요가 있다. 2000년 세계 무역규모 9위 국가였던 네덜란드는 2012년 세계 무역 5강에 올라섰다. 네덜란드는 유럽의 관문으로 로테르담항과 스키폴공항 등 선진 물류 인프라를 통한 중계무역으로 유럽 국가 중 유일하게 무역규모가 증가하고 있다. 특히 석유제품 수출 비중이 높은데, 2000년대 들어 고유가 추세에 따라 수출이 크게 증가하고 있다.

네덜란드 브레다주의 '쌍용차 유럽부품센터'의 사례를 보면 2007년

4월 쌍용자동차가 유럽부품센터(SEPC)를 설립한 이후 한국 본사에 직접 재고를 주문할 때 75일 걸리던 것이 불과 4일로 단축됐다. 긴급한 부품 공급도 종전에는 14일이 걸렸지만 지금은 하루면 된다. 유럽 27개국에 산재한 쌍용차 판매·정비대리점에 그때그때 부품을 공급하는 부품센터를 설립한 성과다. 유럽부품센터가 브레다주에 들어선 것은 이곳이 유럽 전역을 통할 수 있는 물류 요충지이기 때문이다. 네덜란드의 로테르담항과 스키폴공항에서 가까워 항공 및 해상을 통한 물류에 적합하다.

이 부품센터 인근에 GM(제너럴모터스)의 쉐보레와 오펠 부품센터, 삼성전자의 AS 부품센터가 입지한 것도 같은 이유에서다. 유럽 각국으로 화물이 드나드는 관문인 셈이다. 이 부품센터는 사무공간을 빼고도 연면적 9,424㎡ 규모의 창고 2개동을 갖고 있다. 이 창고엔 6개월치 자동차 부품 1만 5,000개 품목이 상시 갖춰져 있다. 금액으로 따지면 530만 유로(약 91억 9,000만 원) 규모다. 부품센터 설립으로 부품을 적시에 공급할 수 있게 됐을 뿐 아니라 주문이 들어오면 바로 공급할 수 있는 비율도 종전의 60%에서 95%로 훌쩍 높아졌다. 사실상 거의 대부분의 부품이 주문하는 대로 공급되는 셈이다.

국제적인 물류허브로 성장하고 있는 두바이의 사례도 주목할 필요가 있다. 지난 20년간 경제 다각화 노력으로 물류산업 인프라 투자가 진행돼 두바이의 물류산업은 급속도로 성장했다. 두바이는 유럽과 아프리카, 그리고 아시아를 잇는 항로 중심에 있어 예로부터 무역업이 발달했으며 두바이 정부의 적극적인 투자로 항만과 공항 등 인프라가 갖춰지면서 물동량이 크게 증가하고 있다. 두바이 정부는 두바이를 홍콩이나 싱가포르 같은 물류 도시로 육성하기 위해 항만, 공항뿐 아니라 육로운송 시스템, 통신 네트워크 및 IT 기반을 갖추고 있다.

점차 물류 중심지로서의 진면목을 갖춘 아랍에미리트(UAE)는 신흥시장의 물류경쟁력을 수치화한 EMLI(Emerging Market Logistics Index)와 같은 국제물류 벤치마킹 지표에서 2012년 기준 5위를 기록했다. UAE가 특히 높은 점수를 받은 부문은 호환성과 연결성 부문이다. 세계은행에서 발표하는 국가의 물류경쟁력을 수치화한 국제물류 수행지표인 LPI(Logistic Performance Index)에서도 UAE는 종합점수 17위를 기록했다. LPI에서 1위를 차지한 국가는 싱가포르며, 그 뒤를 홍콩, 핀란드, 독일, 네덜란드가 이었다. UAE는 스페인, 대만, 남아공, 중국을 제치고 17위를 차지했다. 중동아프리카 국가 중에서는 단연 가장 높은 순위를 기록했다.

정부의 높은 관심과 기대 속에 두바이는 물류허브로 부상하고 있다. 그러나 밝은 전망에도 불구하고 다른 물류허브지역에 비해 높은 운영비용과 전자상거래 등 아직까지 해결해야 할 과제들이 많이 남아 있다는 지적도 받고 있다. 운영비 측면에서는 아직 두바이가 싱가포르 및 홍콩과 같은 물류허브에 비해 높은 편이다. 또한 UAE 내 항구 직원들의 운영능력 역시 홍콩 및 싱가포르에 비해 떨어진다는 평이 많다. 몇 가지 개선점이 남아 있기는 하지만 아직까지 중동, 아프리카지역에서는 두바이가 물류 선진국으로 입지를 공고히 하고, 선진시스템 도입, e-커머스 등을 통해 홍콩, 싱가포르 같은 물류 선진국으로의 도약을 시도하고 있어 앞으로의 행보가 주목된다.

허남식
부산시장

🔊 Q. 제22차 국민보고대회가 '오션 이니셔티브'라는 주제로 열렸다. 직접 참석하셔서 보신 소감은.

🔊 A. 최근 동북아를 중심으로 각국의 해양 경쟁이 치열하게 전개되고 있는 시점에 제22차 국민보고대회에서 '오션 이니셔티브'가 제시된 것은 매우 시기적절했다. 특히, 이번 국민보고대회에서 발표한 '부산도시선언'에서 부산이 국가 남부권 중추도시로서 세계적인 물류도시와 글로벌 거점도시를 목표로 대(大)부산계획을 완성시켜야 한다는 부분을 굉장히 감명 깊게 들었다. 대한민국이 다시 한 번 도약하기 위해서는 기회의 땅, 바다를 향해 나아가야 한다. 그 중심에 부산이라는 동북아 해양수도를 꿈꾸는 도시를 적극 활용해야 할 것이다. 이를 위해 상하이, 홍콩, 싱가포르 같은 세계 물류중심도시들과 같이 세계적인 부산신항과 연계해 국제 복합물류 교통·허브 기능을 갖춘 신공항 건설이 반드시 필요하다.

도시의 경쟁력이 국가의 경쟁력을 좌우하는 시대인 만큼, 제22차 국민보고대회에서 제시된 비전과 전략을 국정에 적극 반영해 우리나라가 해양 중심의 창조경제 시대를 열어나갔으면 하는 바람이다. 앞으로 부산은 동북아 시대의 해양수도를 도시비전으로 하여, 해양산업을 비롯한 미래 신성장동력산업을 적극 육성하고 세계적인 도시로 발전하기 위한 기틀을 다지며, 해양창조경제시대의 중추적 역할을 다할 수 있도록 최선을 다할 것이다.

◀ Q. 부산은 세계 5위의 항만을 보유하고 있지만 제대로 된 공항이 없어 반쪽 신세로 전락하고 있다. 부산에 공항이 꼭 있어야 하는 이유는 무엇인가.

◀ A. 최근 산업구조 변화로 '항만과 공항'의 결합은 거스를 수 없는 세계적 추세다. 물류의 중심은 항만이다. 항만에서 육상과 연결되고, 그 항만은 공항과 결합해야 최대효과를 낼 수 있다. 세계적인 항만도시인, 홍콩, 싱가포르, 홍콩, 두바이 등은 이미 소위 '물류 3합'의 요건을 갖추고 세계적인 물류와 비즈니스 중심지로 도약하고 있다. 부산이 세계적인 해양도시들과 치열한 경쟁 속에서 살아남기 위해서는 세계 5위 수준의 부산신항과 물류 시너지 효과를 극대화할 수 있는 신공항을 반드시 건설해야 한다. 신공항 건설은 대한민국의 국가경쟁력 확보라는 큰 틀에서 추진해야 할 것이다. 앞으로 북극항로 개설, 유라시아를 잇는 대륙횡단철도 시대가 개막되면 유라시아 대륙의 관문인 부산을 통한 물류혁명이 일어날 것이다. 세계 5위 항만인 부산항에서 환적화물

을 받아 곧바로 배후 물류센터에서 분류·가공해 신공항과 연계한다면 부가가치를 높이는 것은 물론 고용도 많이 창출할 것이다. 부산이 육·해·공을 아우르는 명실상부한 복합물류체계를 완성하면 동북아의 물류거점으로 성장해 미래 대한민국의 신성장동력으로 중요 역할을 수행할 것이다.

🔊 Q. 한국의 해양도시들이 홍콩, 싱가포르 등 아시아 주요 해양도시들에 비해 경쟁력이 떨어지고 있다. 이를 극복하기 위한 대책은 어떤 것이 있나.

🔊 A. 동북아시아 각국이 도시를 중심으로 해양경제 정책을 강화하고, 투자를 확대하고 있는 추세다. 선진 해양강국들은 '21세기 해양시대'를 대비하여 다양한 해양정책을 수립하여 해양산업을 집중 육성하고 있다. 우리나라의 해양도시, 특히 부산은 지리적 이점을 기반으로 글로벌 해양도시로 성장할 충분한 잠재력을 가지고 있으나, 해양에 대한 국가차원의 투자가 미약하여 성장에 한계가 있다. 국가 주도로 해양산업을 미래 핵심 성장산업으로 적극 육성하고 해양거점도시 육성 등 해양도시들의 경쟁력을 강화해 나가야 할 것이다. 한국의 해양경쟁력을 새롭게 조망하고, 국가 차원의 청사진을 마련해 실천할 수 있는 정부, 지자체장, 그리고 정치권이 참여하는 범국가 차원의 프로젝트 추진이 필요하다. 또한 해양 진출의 교두보며 국가경쟁력을 견인하는 해양도시들을 중심으로 북극항로 상용화와 대륙횡단철도에 대비한 집중적

인 정책 지원이 필요하다. 선진강국들이 해양거점도시를 육성해 다른 해양도시의 발전을 견인하는 것처럼 우리나라 제1의 해양도시인 부산을 해양수도로 지정하고 전폭적인 지원으로 우리나라가 세계 5대 해양강국으로 진입하는 발판을 마련해야 할 것이다.

🔊 Q. 경쟁도시인 중국 상하이의 외국인 투자액이 부산의 30배에 달한다. 이런 격차를 줄이기 위해 정부와 부산시가 어떤 대책을 세워야 한다고 생각하나.

🔊 A. 부산은 세계 5위 규모의 컨테이너 항만을 갖추고 있지만, 제대로 된 공항이 없어 세계 물류허브도시들과의 경쟁에서 뒤처지고 있다. 부산은 인근에 김해공항이 있지만, 규모가 작고 화물 운영시스템도 낙후돼 세계 물류시장이 중국 등 주변국으로 쏠림 현상이 두드러지고 있다. 2013년 10월 중국의 상하이 자유무역시범구 출범으로 해외자본의 국내유치에 어려움이 가중될 것으로 예상되며, 동북아 물류 거점을 두고 경쟁하는 부산 등 해양도시들에 큰 타격이 예상된다.

하지만 우리나라는 최근 절호를 기회를 맞고 있다. 북극항로와 유라시아 대륙철도 개설논의가 활발하게 진행되면서 새로운 물류루트의 지각변동이 예고되고 있기 때문이다. 부산이 유라시아 철도연결 시 대륙물류의 출발점이자, 북극항로 개설에 따른 동북아 물류허브의 거점도시가 되기 위해서는 국가차원의 신공항 건설이 절실하다. 부산시는 북극항로 시대 개막과 동시에 우월적 지위를 선점하기 위해 항만시설 개선·확충 및 항만물류 전문인력 양성 등 다양한 대책을 계획 중이다. 또한 중국 상하이 자유무역시범구에 대해서도 지속적인 모니터링으로 선제적으로 대응할 것이며, 부산·진해경제자유구역의 경쟁력 확보, 북항 해양경제특구 지정 추진 등으로 경쟁도시와의 격차를 좁혀 나갈 계획이다.

🔊 Q. 우리나라는 다른 나라와 달리 수도와 제2도시와의 경쟁력 격차가 크다. 이렇게 된 이유와 이를 해결할 수 있는 방안은 무엇인가.

🔊 A. 어느 국가든 제2도시권이 수도권에 버금가는 경쟁력을 갖춘다는 것은 국가 경쟁력과 국가 균형발전 차원에서 대단히 중요한 점이다. 우리나라는 민선자치가 출범한 지 22년이 지났지만, 중앙 중심적 사고와 정치적 무관심으로 수도권과 지방 간 격차가 더 심각해졌다. 수도권 집중문제가 심각한데 정부의 수도권정책은 규제 완화 방향으로 전환되고 있다. 또한 지방차지의 근간인 3대 기본권 역시 여전히 중앙에 예속돼 있다. 남부권 중추도시인 부산을 중심으로 수도권에 대응하는 메갈로폴리스를 만들어 대한민국의 새로운 도약을 견인해야 할 것이다. 부산 '메갈로폴리스' 육성은 400km가 넘는 동남해안, 약 1,000만 명 인구의 해양도시들을 서로 연결하여 시너지를 내는 하나의 거대한 도시 링크다. 대한민국 제2의 경제 폭발을 유발함은 물론 오랜 숙원이었던 영호남 지역갈등 해소 및 국가균형발전에도 크게 기여할 것이다. 포항의 철강, 울산의 조선·석유화학·자동차가 창원과 거제의 해양

114

바이오·농수산 식품과 조합한다면 대한민국의 국가경쟁력은 한층 높아질 것이다.

21세기 해양국가관으로
바꿔라

    대한민국은 아직 20세기 대륙국가관에 머물러 있다. 대륙국가관은 국가주의와 단일성을 내포하고 있다. 21세기 대한민국의 도약을 위해서는 해양국가관으로의 시급한 전환이 필요하다. 해외 시장의 적극적

대한민국은 아직 대륙국가관

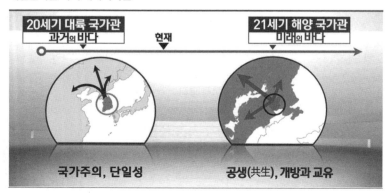

개척, 개방과 교류 확대, 공생의 패러다임 안착이 필요한 시점이다.

통일신라 시대 장보고는 해상 무역 장악을 통한 국부 창출, 교역로 개척을 통한 영역 확장, 동아시아 외교 협력 강화 등 바다를 향해 큰 업적을 이루었다. 지금 대한민국은 장보고의 혼을 깨워야 한다.

'21세기 장보고', '바다의 대통령'이라고 불리는 김재철 동원그룹 회장의 인터뷰를 보면서 왜 대한민국이 21세기 해양국가관으로 바꿔야 하는지에 대해 살펴보겠다.

김재철
동원그룹 회장

　김재철 회장의 집무실에는 거꾸로 된 지도가 걸려 있다. 남반구와 북반구가 뒤집어진 지도다. 호주 대륙이 제일 위에 보이고 한반도가 태평양을 향해 뻗어가는 형상이다. 아니, 거꾸로 됐다는 말이 잘못됐을지도 모른다. 우주 공간에 좌우나 위아래가 있을 수 없듯, 지구를 똑바로 보는 방법이 따로 있을 리 없다. 우리 입장에서 바다를 바라본, 우리에게는 가장 올바른 지도다.

　🔊 Q. 지리경제학적으로 대한민국이 왜 좋은가.

　🔊 A. 지구본을 보자. 만약 미국 서부를 가고 싶다면 우리나라와 일본 사이의 바다를 거쳐 빠져나가는 게 최단거리다. 빙하가 녹아서 북극항로도 열리고 있다. 한반도에서 유럽 등 다른 대륙으로 넘어가는 거리도 훨씬 단축될 것이다. 대륙으로 들어가 몽골 등 내륙 국가와 만나고 바다를 이용해 어디든 갈 수 있다는 점에서 최고다. '유라시아 대륙의 부두'가 바로 우리나라라는 얘기다. 부두라는 게 어떤 배든 자유롭게

드나들어야 번창하는 거 아닌가.

결국 우리의 지정학적 위치를 살려 국가를 발전시키려면 계속 개방할 수밖에 없다. 우리가 가진 게 뭐가 있나. 바위산이 대부분이고 지하자원도 없다. 근데 부두로서는 최적의 국토를 갖고 있다. 국토의 삼면에 모두 항구를 만들 수 있는 나라다.

🔊 Q. 바다에서 보면 한국의 미래가 보인다고 한다면 우리가 특히 신경 써야 할 부분은.

🔊 A. 바다에서 한반도를 바라본다는 것은 마치 집 안에서 집터를 보지 말고 밖에서 봐야 제대로 보이는 것과 같은 이치다. 그렇게 전체적인 위치를 고려해야 '길을 어떻게 낼까', '부족한 게 뭘까' 보이지 않겠나. 대한민국 밖 멀리 바다에서 한반도를 봐야 제대로 된 국토개발계획도 나오고 우리에게 당장 필요한 게 뭔지도 보일 거다.

내가 '거꾸로 된 지도'를 보는 이유도 이와 비슷하다. 우리나라의 형상이 대륙에 귀가 꼭 붙들린 토끼라느니, 버선짝이라느니 하는 사람도 있지만 뒤집어 놓고 보면 바다를 향해 뻗어나가는 형상이다. 시야가 넓어진다. 우리가 신경 써야 할 건 한두 가지가 아니다. 우선 바다에는 일본이 중국과 갈등할 수밖에 없게 만들었던 '희토류'도 무한정 있다. 그뿐인가.

어떤 광물이, 어떤 에너지원이, 어떤 어족자원이 어디에 얼마나 있는지 여전히 아무도 모를 정도다. 거의 무한정이라고 봐야 한다. 과학자들은 지구 생물의 80%는 바다에 있다고 한다. 자원 규모는 측정도 못하고 있다. 이미 강대국들, 선진국들은 이 자원을 차지하기 위해 온갖 노력을 다하고 있다. 정부 차원의 지원도 엄청나다.

🔊 Q. 강대국들은 해양개발에 국가적인 지원을 많이 하는 것 같은데.

🔊 A. 물론이다. 동중국해에서는 중국이 아예 파이프를 해저에 대고 기름을 뽑아가고 있다. 그거 누가 처음에 시추했는 줄 아나? 중국 해군이 했다. 프랑스를 비롯한 유럽 국가들은 남태평양의 작은 섬에 눈을 돌리고 있다. 국가적 차원에서 남태평양 섬 국가들과 협정을 맺고 지원을 아끼지 않는 대신 그 주변 바다를 개발할 권리를 얻고 있다. '다이치'라는 남태평양 섬나라는 산업도 인구도 아무것도 없는데 국민소득이 1만 달러가 넘는다. 다 프랑스의 지원 때문이다. '프렌치 폴리네시아' 권역을 그렇게 형성하고 있다. 해양 거점을 만들어가고 있는 것이다. 배타적 경제수역 200해리로 연결되면 몇 개 섬 거점만 장악해도 엄청난 영해를 확보하게 되는 셈이다.

미국은 말할 것도 없다. 그들은 케네디 대통령 시절 우주로 유인우주선을 쏘아 올렸다가 바다 위에 대륙이 떠 있는 지구의 모습을 보고 곧바로 해양 탐사와 개발에 엄청난 공을 들이고 있다. 처음에 몇 번 개발 결과를 발표하다가 어느 순간 입을 완전히 다물었다. 대단한 정보, 미래 사활이 걸린 정보를 국익 차원에서 보호하자는 것이다. 스페인은 원양어선에 무장요원 배치를 의무화했고 인원 절반의 고용·유지비용을 대준다. 프랑스는 해군이 원양어선을 지켜준다. 미국은 입어료를 지원해준다. 아예 마인드가 다르다.

🔊 Q. 우리나라는 어떤가.

🔊 A. 바다를 잘 아는 전문가가 너무 부족하다. 지원? 이상한 규제나 없었으면 좋겠다는 생각이 들 정도다. 원양어업을 하는데 2012년 우리나라 원양어선이 낸 '입어료'만 8,000만 달러다. 그렇게 힘들게 나가서 식량을 확보해 오는 상황인데도 어업허가니 뭐니 복잡한 규제절차가 지나치게 많다. 혹시 나가서 선원이 죽는 사고가 나지 않을까 전전긍긍하는 수준에 불과하다. 민간에서 자발적으로 하는 원양어업에 대한 생각도 이런 수준인데, 국가가 나서서 개발하고 탐사하는 게 제대로 될까. 물론 우리나라에 희망이 없다는 게 아니다. 우리도 잘할 수 있는 능력과 기회가 있다.

우리에겐 해상 DNA가 분명히 있다. 전 세계에서 가장 위험한 바다에서도 아무렇지 않게 고기를 잡아 올리는 게 대한민국 선원들이다. 전 세계 위험해역 어디에나 한국 선원들이 있다. 지난번 여수엑스포를 유치할 때 우리가 남태평양 작은 섬국가를 세계박람회기구(BIE)에 가입시키면서 주제도 '살아 있는 바다, 숨 쉬는 연안'으로 잡아 그들의 표를 얻어왔다. 대한민국이 다가서면 그들도 전혀 거부감이 없다. 뼈아픈 식민지 경험이 있다는 걸 알려주면 그들도 다른 어떤 나라보다 우리에게 호감을 갖게 된다. 우리나라도 '기리바시'라는 남태평양의 작은 섬나라를 '조차'하려고 시도했다.

그 나라가 가진 섬 중 일부를 조차해 배타적 경제수역을 활용하자는 계획이었다. 그들도 좋다고 했는데, 워낙 먼 데다 이를 정부 차원에서 제대로 끌고 가지 못하니 지지부진하게 됐다. 예전에는 '조차'라는 게 식민주의나 제국주의 산물이었지만 이젠 '윈윈'의 상징이 되었다.

🔊 Q. 해양자원 탐사·개발과 해양전략 수립 등을 총괄하는 조직이 필요하다는 생각이 드는데.

🔊 A. 맞는 말이다. 고 박춘호 국제해양재판소 전 재판관에게 들은 얘기인데, 중국 관료가 2008년에 전화를 했다고 하더라. 그 중국 관료 말이 두 번 깜짝 놀랐다는 거였다. 1996년 해양수산부라는 부처를 따로 만들 때 '한국인들의 바다에 대한 열정과 선견지명'에 놀랐고 12년 만에 없앨 때는 '한국에 무슨 일이 있나' 하며 놀랐다는 얘기였다.

혹자들은 '일본에도 해양 관련 부처가 따로 있진 않다'고 주장하는데 그건 잘 모르고 하는 얘기다. 일본은 전 부처가 해양과 관련된 일을 한다. 대단히 높은 수준의 인식을 갖고 있다. 세계로 뻗어나가던 해양대국의 뿌리가 남아 있다. 대한민국은 전국을 표현할 때 방방곡곡(坊坊曲曲)이라고 하지 않나. 근데 이게 조선시대 폐쇄성과 연관이 깊다. 자꾸만 육지로, 골짜기로 숨어들었던 현실이 반영된 표현이다. 일본에서는 똑같은 표현을 뭐라고 하는 줄 아나. 진진포포(津津浦浦)라 한다. 나루를 의미한다. 아예 사고방식이 다르다.

그런 상황이다 보니 조력발전을 넘어 파도의 힘을 이용한 '파력발전'까지 개발되고 있다. 얼마 전 미쓰비시중공업에서 2016년까지 파력발전 기술을 상용화하겠다는 계획을 발표했을 정도다. 먼 바다에 있는 '미나미 오키시마'라는 작은 섬이 자꾸만 해류에 쓸려가니까 시멘트를 붓고 있지 않나. 싱가포르는 바다에 창고도 만들었다. 온도가 일정해 육지보다 낫다. 이렇게 바다에서 미래를 보고 다르게 접근하는 국가들이 많다.

🔊 Q. 바다와 관련된 모든 걸 한곳에서 처리할 수 있어야 한다는 말씀인데.

🔊 A. 그렇다. 해양산업은 이제 지식서비스 산업이다. 조선, 해운, 항만, 수산업, 해양자원개발 등 모든 관련 산업은 나름 주기가 있다. 조선과 해운은 우리가 세계 1등이지만 영원하란 법은 없다. 예전엔 일본이었고 앞으로는 중국이 될 가능성이 높다. 그런데 우리가 다양한 해양산업 분야에서 축적한 지식과 정보는 남들이 함부로 따라잡거나 배울 수 없는 것들이다. 선박 안전부터 시작해 운용하는 방법, 물고기를 잡는 기술, 교통·통신체계에 대한 기술과 높은 이해도, 이런 게 다 우리 자산이다.

🔊 Q. '다시 해양의 시대'라는 생각이 든다.

🔊 A. 바다는 우리의 현재이자 미래다. 대한민국은 참 축복 받은 나

라라는 생각도 든다. 서해는 바다가 얕고 어족자원이 풍부하다. 발상을 바꿔서 큰 그물을 서해와 중국 대륙 사이에 쳐두면 그대로 거대한 양어장이 된다. 대단하지 않은가. 남해는 어디에나 배를 댈 수 있는 리아스식 해안이다. 태평양으로 바로 뻗어나간다. 동해는 맑고 깊다. 쾌적하다. 그곳에 R&D연구소, 해양 관련 연구조직을 만들고 해양레저산업을 육성하면 된다.

그리고 우린 대륙과도 붙어 있으니 이 또한 바다에서 대륙으로 연결하는 최적의 지점에 위치한 게 아닌가. 《강대국의 흥망》을 쓴 폴 케네디는 '항상 세계 1등 조선소를 가진 나라가 세계를 지배했다'고 하더라. 영국이 '해가 지지 않는 나라'라고 불릴 때 세계 최고의 조선소를 갖고 있었다. 미국이 유일한 초강대국일 때, 일본 경제가 세계 1위에 근접했을 시기를 생각해보라.

지금 세계 최고의 조선소는 대한민국에 있다. 두산중공업은 선견지명을 갖고 해수 담수화 기술을 만들었다. 정말 대한민국이 세계로 나가고 최고의 국가가 될 수 있는 시기가 됐다는 얘기다. 로마클럽에서 1970년대에 '성장의 한계'를 말한 건 육상경제의 한계, 육상자원의 한계를 말한 거였다. 해양의 시대엔 맞지 않는 얘기다. 모든 대륙은 바다 위에 떠 있는 섬일 뿐이다.

김재철 회장은…

1935년 전라남도 강진군에서 태어났다. 고등학교 시절 늘 우
등생이었고, 서울대 입학허가를 받았지만 '바다에 미래가 있다'는
담임선생님의 영향으로 1958년 당시 엘리트들이 모이던 또 다른
대학, 부산수산대학교에 입학했다. 대학 졸업 후 곧바로 배를 타
기 시작했다. 지독한 노력 끝에 3년 만에 동화선단의 선장이 됐다.
1,000만 원이라는 사업자금과 10여 년간 쌓아온 신용 하나만으로
어선을 빌려 1969년 동원산업을 창업했다. 창업 후 석유위기 등을
거치면서도 오히려 더 큰 어선을 사는 등 공격적인 경영으로 사세
를 키웠고, 국내 최초로 '참치 통조림'을 만들어 국민의 입맛을 사
로잡았다. 1982년에는 증권회사를 인수해 크게 번창시켰다.

1985년 한국수산회 초대회장이 됐고 1990년부터 2년간 한국
원양어업협회 회장으로 활동하기도 했다. 1990년대 중후반부터
는 경제계 어른으로서 많은 활동을 했다. 1999년부터 2006년까지
한국무역협회(KITA) 회장과 한국종합전시장(COEX) 회장을 역임
했다. 2000년부터 6년간 한미경제협의회(KUSEC) 회장으로도 활
동했으며 세계무역센터협회(WTCA) 이사도 역임했다. 여수엑스포
유치위원장으로서 힘을 쏟아 성공시켰으며, 2013년 10월 세계해
양포럼조직위원회 초대 위원장으로 추대되면서 한국 해양력을 키
우고 '지식서비스산업'으로 업그레이드하는 역할을 맡았다.

정부 해양정책 의지만 있고 실행은 없다

박근혜 정부를 포함해 역대 모든 대통령들이 빠짐없이 해양산업 육성의 중요성에 대해 강조했다. 김대중 전 대통령은 1998년 5월 부산항에서 개최된 '바다의 날' 기념식에서 대한민국의 해양경쟁력을 갖추기 위한 다각적인 해양정책을 펴나가겠으며 우선 글로벌 해양전진기지의 개발을 적극 추진하겠다고 밝혔다. 김 전 대통령은 "태평양의 해저 광물자원을 우리 손으로 개발하고 남극기지까지 진출하는 개척정신을 발휘해 오대양을 우리의 활동무대로 만들어 나갈 것"이라고 강조했다.

그는 또 "광대한 바다는 자원의 보고이자 인류공동의 자산이며 우리 후손에게 물려줘야 할 귀중한 유산이기 때문에 해양개발은 파괴를 통한 경쟁이 아니라 자연을 보호하고 활용하는 방향에서 추진돼야 할 것"이라고 강조했다. 김 전 대통령은 2001년 전남 여수 오동도에서 열린 '바다의 날' 기념식에서 "우리 모두 20세기 말 '한강의 기적'을 이루었던 저력으로 21세기 '태평양의 기적'을 만들어 가자"고 당부했다. 김 전 대통령은 "아메리카가 서양의 신대륙이었듯이 바다는 우리에게 미래의 신대륙이요, 희망이며 세계를 호령했던 장보고 대사와 충무공 이순신 장군의 웅대한 피가 우리 몸 안에 흐르고 있다"고 강조했다.

김 전 대통령은 또 "태평양의 해양문명과 유라시아의 대륙문명을 연결하는 지정학적 위치는 우리가 세계적인 21세기 해양부국으로 성장할 수 있는 유리한 여건이 되고 있다"고 밝혔다.

노무현 전 대통령은 특히 바다에 많은 관심을 보였다. 그는 2003년 5월 인천 중구 인천항 5부두에서 열린 바다의 날 기념식에 참석해 "동북아 물류중심기지로 자리 잡아가고 있는 인천항을 인천국제공항과 송도신도시와 연계해 환황해권의 물류, 비즈니스, 금융, 첨단과학, 해양문화의 중심지로 육성하는 데 지원과 투자를 아끼지 않겠다"고 밝혔다.

노 전 대통령은 "부산신항과 광양항을 동북아 핵심물류거점으로 조기에 개발하겠다"며 "선진해양국에 뒤지지 않는 해운경쟁력을 갖추기 위해 국제물류촉진제도 도입과 해운세제 개선을 촉진하겠다"고 밝혔다. 노 전 대통령은 특히 "동북아시아 중심국가 건설은 동북아 물류중심에서 시작되며 핵심은 해운항만산업이고, 바다를 통한 물류중심기지 구축이야말로 동북아 경제중심으로 나아가는 지름길"이라고 재차 강조했다.

이명박 전 대통령도 바다에 관해 각별한 애정을 표현했다. 이 전 대통령은 2012년 9월 해양경찰의 날 기념식에 참석해 "바다와 연안은 21세기 '더 큰 대한민국'을 만드는 꿈과 기회의 영토"라고 강조했다. 이 전 대통령은 "우리나라도 선진국처럼 바다를 통해 세계와 교류하고 국부를 창출해야 한다"고 밝혔다. 또 2009년 5월 인천 서구에서 열린 '경인 아라뱃길 사업' 현장보고회에 참석해 "우리처럼 강이 잘 활용되지 않고 삼면이 바다인데도 바다를 제대로 활용하지 못한 것은 우리 역사의 과오"라고 말했다. 역대 대통령들이 이처럼 바다의 중요성을 강조했지만 실제로 제대로 실행에 옮겨진 사례는 거의 없다.

현 정부도 해양의 중요성을 말로만 하고 실행은 뒷전인 상황이다. 현 정부의 40대 우선 실행 국정과제 중에서 해양 발전과제는 단 하나도 없다. 박근혜 정부 140개 국정과제 중 40개 우선대상과제를 선정했는데 이 중 해수부 산하의 과제는 하나도 없는 실정이다. 우선순위가 높고 조기성과 가시화가 필요한 40개 과제 중 경제부흥과제가 16개로 가장 많았고, 다음이 국민행복 관련으로 15개, 문화융성 3개, 평화통일 기반 구축 1개 순이다. 현 정부의 우선 실행 국정과제 중 바다와 관련된 것이 하나도 없다는 것은 정부가 바다의 중요성을 말로만 하고 실행할 의지는 없다는 사실을 그대로 보여주는 것이라고 할 수 있다.

선진국들은 무엇을 준비하고 있나

세계는 기후변화와 자원 및 에너지 부족 등 인류의 당면과제 극복을 위해 국토정책을 내륙에서 해양 중심으로 전환하고 있다. 미국·중국 등 세계 주요 국가는 해양의 중요성을 인식해 과감한 해양 정책을 도입함으로써 국가 간 해양 패권의 경쟁이 심화되고 있는 게 현실이다. 우리나라는 지리적 이점을 바탕으로 한 동북아 물류허브 전략에 따라 부산항을 세계 5위의 컨테이너 항만으로 육성시켰지만 세계 수출입 공장인 중국 항만의 성장에 따라 동북아 허브로서 우리 항만의 경쟁력과 위상이 계속 위협받고 있다.

세계 30대 항만에 상하이, 홍콩, 선전, 닝보, 다롄 등 중국 항만이 8개나 차지하고 있어 현 추세로라면 부산항은 현재 5위 항만의 자리도 위협 받을 수밖에 없다. 2005년까지만 해도 연간 2,000만TEU에도 못 미치는 물량을 처리했던 중국 상하이항이 홍콩과 싱가포르항을 연이어 제치고 1위에 오르는 데는 불과 5년밖에 걸리지 않았다. 상하이항은 2005년 이후 줄곧 세계 1위 자리를 놓치지 않고 있다. 이는 중국 정부의 대대적인 지원과 폭발적인 산업 성장에 따른 엄청난 물량에 힘입은 결과다. 실제 중국 정부의 상하이항 개발은 시작부터가 달랐다. 일찍이 국제 해운허브로 육성한 덕분에 환적화물이 기하급수적으로 늘고 있다.

특히 양산 인근에 신항만을 건설하면서 세계 1위를 굳히는 모양새다. 양산항의 컨테이너 부두는 현재 16선석이 운영되고 있지만 2050년까지 약 500억 위안을 투자, 선석 50개 규모의 대형 항만단지를 건설할 계획이다.

중국 정부는 관련 인프라 투자에도 적극 나서고 있다. 12조 원 정도의 건설비용이 든 둥하이대교는 수면으로부터 다리의 높이가 40m로 최대 5,000TEU급 선박이 통과할 수 있다. 이 대교가 시작되는 곳에는 인구 20~30만 명 규모의 배후도시도 개발됐다. 특히 중국 정부는 새로운 개혁개방 시험대가 될 상하이 자유무역구를 2013년 10월 출범시켰다. 중국 대륙에서 자유무역시험구가 설립되기는 이번이 처음이다. 총면적은 28.78㎢인 상하이 자유무역구는 와이가오차오(外高橋) 보세구역, 와이가오차오 보세물류원구역, 양산(洋山) 보세항구역, 푸둥(浦東)공항 종합보세구역 등 4개 세관 특수감시관리구역으로 구성됐다.

이번 자유무역구 출범으로 외국 금융기관이 자유무역구 내에 독자은행을 설립하고 자유무역구에 입주한 기업이 자유환전을 할 수 있는 등 금융, 화물운수, 통신, 전문서비스, 문화, 사회 등 6대 서비스 분야의 경쟁력을 높이기 위한 개방 조치가 시작됐다. 외국 금융기관은 자유무역구 내에 독자적으로 은행을 설립할 수 있으며 외국 자본이 민간자본과 합자해 은행을 설립할 수도 있다. 중국 은행들에게는 역외 외환업무가 허용되며 외국인 투자에 대해서는 투자 실행 이전 단계부터 내국민 대우를 해주는 방안이 추진된다.

또한 자유무역구 안에서 기업들의 제한적인 위안화 자유태환과 은행들의 금리 자유화, 금융거래 중개에 조세나 외환의 특혜를 주는 오프쇼어(Off-shore) 금융을 허용키로 했다. 자유무역구에 등록한 기업이나 개인에 대해서는 법인세와 소득세 등을 5년간 분할 납부토록 했다. 화물운수 분야에서는 원양 화물운수 업체의 외국인 지분비율 제한이 완화되고 외국인이 선박관리회사를 독자적으로 설립할 수 있도록 했다.

통신 분야에서는 외국 기업에 인터넷서비스 등 일부 부가통신서비스를 개방한다. X박스, 플레이스테이션 등 비디오게임기의 생산 및 판매도 허용함에 따라 X박스를 생산하는 마이크로소프트는 최근 상하이미디어와 합작법인을 설립하기로 했다. 전문서비스 분야에서는 외국인이 주식회사 형태의 투자회사, 신용조사기업 등을 설립할 수 있도록 허용했다. 법률서비스 회사나 직업소개소 등은 합작 형태로 설립하도록 하는 방안을 추진한다. 또한 외자기업과 중국 기업이 공동으로 설립한 합작여행사가 아웃바운드(여행객 해외송출)업무를 할 수 있도록 했으며 외국 기업이 위락시설이나 의료기관을 독자적으로 설립하고 직업훈련기관을 합작 형태로 세울 수 있도록 했다.

상하이자유무역구(FTZ) 출범에 따른 중국 정부의 국제환적 확대 조치로 부산항의 환적화물 물동량 감소치가 연간 최대 36만 5,000TEU에 달할 것이라는 분석이 나왔다. 이는 2012년 부산과 중국 간 전체 환적물동량의 14.5%를 차지하는 규모다. 한국해양수산개발원(KMI) 항만연구본부와 KMI 김범중 연구위원 등에 따르면 2012년 말 기준 부산~중국 간 컨테이너 물동량은 총 412만 6,000TEU이고 이 가운데 환적물동량은 61.2%인 252만 6,000TEU로 집계됐다. 환적물동량을 항만별로 보면 중국 산동성 3항(천진·대련·청도)이 182만 2,000TEU(72.1%)로 가장 많았고 상하이항 24만 7,000TEU(9.8%)과 닝보항 14만 8,000TEU(5.9%)이 뒤를 이었다.

이와 관련해 KMI는 부산항에서 처리하는 환적화물 중 FTZ 출범으로 영향을 받는 물량은 산동성 3항과 닝보항 환적물동량이 될 것으로 예상했다. 이는 FTZ 출범 이후 중국이 시행키로 한 '연안환적 허용' 방안에 따른 것이다. 지금까지 중국 정부는 비국적선에 대한 국제환적을 허용하지 않았으나 FTZ 가동과 함께 '중국 자본이 투입된 회사가 보유하거나 최대주주로 있는 비중국 국적선'에 한해 허용 방침을 세웠다. 그간 부산항을 기항했던 산동성과 닝보항 환적물동량 일부가 이같은 규제 완화로 상하이항을 통해 직기항하면 부산항 환적물동량에 타격을 입힐 수밖에 없다는 것이다.

실제로 KMI는 자체 분석한 '시나리오별 물동량 영향'에서 상하이항으로의 이전 비율이 4%면 7만 3,000TEU, 6% 이전 시 11만 TEU, 10% 이전 시 18만 3,000TEU, 20% 이전 시 36만 5,000TEU 등으로 부산항의 환적물동량 감소치를 추계했다. 최대 감소분으로 전망된 '36만 5,000TEU'는 2012년 전체 중국 환적물량(252만 6,000TEU)의 14.5%에 해당하는 규모다. 이에 따라 KMI는 해양수산부를 중심으로 한 관계기관별 의견수렴을 시작으로 화물 품종의 다양화, 항만배후지의 고부가가치 산업 유치 등 사업 다각화를 추구해야 한다고 강조했다.

또한 중국은 1990년대부터 해양자원 개발과 해양산업에 관한 법령들을 제정해왔다. 최근에는 '국가해양사업발전 12차 5개년 계획'과 '전국해양경제발전 12차 5개년 계획'을 발표하면서 해양강국을 선언했다. 중국은 2020년까지 해양강국을 목표로 2011년 정부 주도로 산둥성, 저장성, 광둥성을 각각 블루경제구, 해양경제발전시범구, 해양경제종합실험구 등 3대 해양경제종합실험구로 지정해 해양플랜트 같은 해양산업 육성에 박차를 가하고 있다.

일본은 과거 추진했던 항만정책이 실패로 돌아가자 2010년 새로운 전략의 항만육성계획을 세웠다. 도쿄, 가와사키, 요코하마 등 게이힌항과 오사카, 고베 등 한신항 등 2개 지역을 컨테이너 전략 항만으로 지정하고 집중 투자해 2020년까지 아시아 5위 안에 드는 물류거점으로 육성한다는 것이다. 또 2013년 6월에는 '일본의 재부흥계획' 시책 중 하나로 공항과 항만산업의 기반 강화를 선언했다. 2016년까지 전략 항만의 대수심 컨테이너부두를 현재 3선석에서 12선석으로 4배 늘려 대형 선박을 유치하고, 항만 가동시간 연장, 항만과 공항의 접근성을 높이기로 했다.

해양강국을 향한 러시아의 행보도 공격적이다. 블라디미르 푸틴 러시아 대통령은 집권 3기를 맞아 극동개발부를 신설하고 장관급 인사를 임명했다. 극동시베리아의 본격적인 개발을 알리는 신호탄이었다. 러시아는 국토의 균형 개발과 신성장동력 확보를 위해 2000년대 중반부터 극동지역에 오일달러를 쏟아붓기 시작했다. 푸틴 대통령은 집권 2기인 2007년 '극동·자바이칼 지역경제·사회 개발 연방 특별 프로그램'을 마련했다. 2013년까지 231억 달러를 투자하는 이 프로그램은 7만 개 일자리 창출과 10개 항만 개보수 계획을 포함하고 있다. 이 프로그램은 러시아 남진정책을 상징하는 항만도시 블라디보스토크 개발과 인프라스트럭처 구축이 주요 사업이다. 배정 예산의 30% 정도가 블라디보스토크 개발에 집중적으로 할당돼 있는 데서도 알 수 있다.

러시아는 2025년까지 극동러시아의 에너지 자원을 동북아시아에 공급하기 위한 가스관과 유라시아횡단철도 등을 포함하는 2단계 개발 프로젝트도 마련했다. 이 프로젝트에 투입되는 금액만 390조 원에 이른다. 러시아는 극동지역 개발을 통해 동북아 해양경제의 주도권을 잡기 위한 교두보를 마련한다는 계획이다.

싱가포르는 금융을 매개로 세계 해양산업의 새로운 중심지로 거듭나고 있다. 2006년 도입한 MFI(Maritime Finance Incentive, 해운재정 인센티브)가 대표적이다. 이 법안은 선박리스업체, 펀드와 투자신탁을 육성하기 위해 제정된 것으로 선박 확보 시 10년 동안 조세혜택이 보장된다. 이를 통해 선주들의 선박금융 조달 선택권이 다양해졌다. 그 결과 최근 5년 동안 새로 설립된 주요 선사들이 싱가포르에 둥지를 튼 것으로 집계됐다. 세계 주요 선사들도 연이어 이곳에 자회사들을 세우고 있다. 또한 세계 1위의 환적화물량을 자랑하고 있다. 싱가포르 정부는 고부가가치 상품인 환적화물을 늘리기 위해 액화천연가스(LNG)선박연료 공급기지를 조성할 예정이다.

동북아시아 각국이 도시를 중심으로 해양경제정책을 강화하고 투자를 확대하고 있으나 우리나라의 해양경제정책은 걸음마 수준이다. 2시간 비행 거리 안에 인구가 5억 명이 넘는 5조 8,000억 달러의 시장을 놓치고 있다는 지적이다. 해양정책의 주무부처인 해양수산부는 2013년 초 중국처럼 해양경제특구 관련 사업을 시행하겠다고 밝혔으나 전국 어디에 몇 개나 지정할 것인지 구체적인 시행방안과 계획은 없는 실정이다. 정부의 140개 국정과제 중 40개 우선대상과제 가운데 해양발전 과제가 빠져 있는 것도 우리나라 해양 정책의 현실을 그대로 보여주고 있다.

항만과 공항이 결합하지 않으면 기회 상실

부산은 세계 5위 규모의 컨테이너 항만을 갖추고 있지만 제대로 된 공항이 없어 세계 물류허브 도시들과의 경쟁에서 뒤처지고 있다. 인근에 김해공항이 있지만 규모가 작고 화물 운영 시스템도 낙후돼 제대로 된 항공 경쟁력을 갖추지 못했다. 부산이 물류 경쟁에서 주춤하는 동안 세계 물류 시장은 중국 등 주변국으로 쏠리는 현상이 두드러지고 있다.

단적인 예로 중국 상하이항을 보자. 2012년 상하이항이 처리한 컨테이너 물량은 3,252만 TEU로 부산항의 두 배에 가깝다. 외국인 투자액도 2012년 기준 상하이는 150억 달러로, 부산 4억 8,000만 달러와 비교하면 30배 이상이나 차이 난다. 부산으로 끌어올 수 있는 물량을 중국 등 주요 항만에 빼앗기면서 국부 상실로 이어지고 있는 것이다.

세계 주요물류도시들의 항만과 공항의 화물처리실적을 살펴보면

2012년 전 세계 주요 물류중심도시의 항만과 공항 현황

물류도시	공항명칭	항공화물처리실적(순위)	항만화물처리실적(순위)
상하이	푸동공항	293만 8,157톤(3위)	3,252만TEU(1위)
홍콩	첵랍콕공항	406만 6,738톤(1위)	2,309만TEU(3위)
싱가폴	창이공항	184만 1,858톤(12위)	3,164만TEU(2위)
로테르담	스키폴공항	151만 1,823톤(17위)	1,186만TEU(11위)
두바이	두바이공항	227만 9,624톤(6위)	1,326만TEU(9위)
부산	김해공항	12만 1,256톤(-위)	1,704만TEU(5위)

자료: ACI, 2013 세계항공교통보고서(김해공항은 한국공항공사 공항별통계), 부산항만공사

부산이 세계적인 물류중심도시가 되기 위해서는 공항이 반드시 필요하다는 것을 알 수 있다. 표에서 보는 바와 같이 물류중심 도시별로 2012년 기준 항만과 공항의 화물처리 실적을 살펴보면 중국 상하이항이 3,252만TEU로 세계 1위를 기록했고 푸동공항은 293만 톤으로 세계 3위를 차지했다. 홍콩항은 2,309만TEU로 세계 3위를, 첵랍콕공항은 406만6,738톤으로 세계 1위를 기록했다. 싱가포르는 3,164만TEU 컨테이너 처리실적으로 세계 2위, 184만 1,858톤의 항공화물 처리실적으로 세계 12위를 각각 차지했다. 또한, 로테르담은 1,186만TEU로 세계 11위의 컨테이너 처리실적과 더불어 151만 톤의 항공화물 처리실적으로 세계 17위를 기록하고 있다. 두바이도 1,326만TEU로 세계 9위 컨테이너 처리실적과 227만 톤의 세계 6위 항공화물 처리실적을 기록했다.

부산은 1,704만TEU로 세계 5위 컨테이너 처리실적을 기록한 반면, 김해국제공항은 국내선과 국제선을 합해서 겨우 12만 톤의 항공화물을 처리해 아예 순위에 이름조차 올리지 못하고 있는 상황이다. 이러한 결과는 부산이 앞으로 갖춰야 할 요소가 무엇인지 극명하게 보여준 결과로 판단된다.

부산은 컨테이너 처리 부문에서 세계 5위라는 위상을 갖고 있다. 하지만 부가가치는 11위인 로테르담항의 3분의 1 수준에 불과하다. 게다가 양산 신항을 앞세운 상하이를 비롯한 중국 항만들이 세계 물동량의 60% 이상을 담당하면서 부산을 협공하고 있다. 싱가포르, 홍콩, 네덜란드 같은 세계적인 물류중심도시로 도약한 도시와 국가들은 공항과 항만이 붙어 있는 '복합운송(Sea & Air)'체계를 갖췄다는 공통점을 지니고 있다. 최근 중동지역 신흥 물류중심도시로 성장한 두바이도 마찬가지다.

싱가포르항과 창이공항 간 거리가 18km인 것을 비롯해 홍콩항과 첵랍콕공항, 로테르담항과 스키폴공항, 두바이항과 두바이공항처럼 세계적인 물류허브의 공항과 항만은 모두 20km 내에 위치해 있다. 물류는 '시간 싸움'이라는 상식에 따른 것이다. 다국적기업들 중 상당수는 이들 물류중심도시에서 물류와 배송을 집중하는 전략으로 성장하고 있다. 부산 신항에서 가장 큰 물류센터를 운영하는 다국적기업 BIDC 관계자는 "물류시스템은 복잡하게 얽혀 있어 한 번 입주한 곳

항만		공항
홍콩항	← 19.93km →	첵랍콕공항
싱가포르항	← 18.59km →	창이공항
로테르담항	← 8.47km →	스키폴공항
두바이항	← 6.95km →	두바이공항

을 거의 떠나지 않는 특성이 있어 물류허브가 되면 경제적 효과가 상당하다"며 "항구와 공항이 인접해 있다면 한국이 부산을 통해 더 많은 국부를 창출할 것"이라고 했다.

이상에서 보는 바와 같이 세계 물류중심도시로 평가받고 있는 도시들은 항만과 공항을 동시에 발전시키고 있으며, 특히 항만과 공항을 연계한 해양&항공(Sea&Air) 복합물류체계 구축을 위해 많은 노력을 기울이고 있다. 이는 항만과 공항을 직접 연계할 수 있어야 전 세계 어디든 화물을 수송할 수 있는 진정한 물류중심도시가 되기 때문이다. 김율성 부산발전연구원 연구위원은 "부산의 경우에도 동북아시아나 동아시아의 물류중심도시가 되기 위해서는 공항과 항만을 동시에 발전시켜야 하며, 이를 위해서 동남권 신국제공항의 건설이 반드시 필요하다"고 밝혔다.

신정택
세운철강 회장(전 부산상공회의소 회장,
김해공항 가덕 이전 시민추진단 공동대표)

◀: Q. '신공항 전도사'라는 별명을 가지고 있을 정도로 신공항 유치에 노력을 많이 했다. 그렇게 열심히 한 배경은.

◀: A. 여러 가지 이유가 있지만, 무엇보다도 중요한 것은 안전하고 소음과 공해가 없으면서 24시간 운영이 가능한 국제공항 필요성에 대한 절실함이 아니었나 생각한다. 2006년 5월에 5대 광역시, 도, 상공계와 연계해 동남권 신공항사업을 재추진했던 것도 현재 김해공항이 이미 국제공항으로서의 기능을 상실해 있었고 이로 인한 동남권 전체의 경제적 손실과 동남권 주민의 불편이 극에 달하고 있었다. 그만큼 신공항이 절실했다는 뜻이다.

당시 현 김해공항 체계가 유지되고 신공항이 건설되는 시점을 2025년으로 가정했을 경우 시간과 돈, 불편을 감안한 유무형의 손실이 무려 11조 원에 달했다. 저는 기업을 하는 사람입니다. 투자대비 성과를 고려하고 장기적인 관점을 고려할 때 신공항 건설이 훨씬 더 경제적이라 판단했다. 특히 전 세계 어디든 연결되는 관문공항은 기업인의 비즈니

139

스에는 가장 필수적인 기반시설이다. 당시 부산상공회의소가 그 어떤 기관이나 단체보다 신공항 건설의 필요성을 피력하고 사업 추진에 앞장서 나섰던 것도 상공회의소가 기업단체로서 마땅히 해야 할 역할과 책무를 다하는 것이라 생각했다.

또 당시는 수도권의 경제력 집중을 완화하기 위한 국토균형개발이 중요한 정책과제였기 때문에 신공항 건설을 통한 동남권 경제력 강화는 수도권에 대응하는 대척점을 만든다는 차원에서 가장 좋은 대안이 될 수 있다는 판단도 작용했다.

🔊 Q. 신공항 유치의 물꼬를 틔웠는데 그동안의 진행 과정을 설명한 다면?

🔊 A. 부산상공회의소 회장으로 취임한 해인 2006년 5월에 동남권 5개 시도 상공회의소가 연대해 '동남권 신국제공항 건설'을 위한 공동 기자회견과 건의문을 채택한 것이 시발점이 아니었나 생각한다. 이후 신공항 건설에 본격적인 불을 지폈던 전기가 된 것은 2006년 8월에 당시 변양균 청와대 정책실장과 단독면담을 통해 신공항의 필요성을 건의했던 것과 2006년 12월 27일, 고 노무현 대통령이 북항재개발 최종 보고현황을 듣기 위해 부산을 방문했을 때 제가 공항의 필요성을 건의했고 그때 당시 이용섭 건설교통부 장관이 신공항 건설 공식 약속과 재검토 지시를 했다. 이를 계기로 2007년 3월에 건설교통부가 국토연구원에 남부권신국제공항 예비용역을 발주하게 되고 11월에 "제2관문공

항 건설이 필요하다"는 용역 결과를 발표했다.

그리고 2008년 3월에 '남부권신국제공항 건설을 위한 본 용역'이 진행됐다. 하지만 이때부터 경남 밀양과 부산 가덕도 두 입지 후보지를 두고 지역 간 갈등이 빚어지기 시작하면서 용역 결과 발표가 몇 차례 지연되었고 결국에는 2011년 3월 30일 정부가 신공항 건설을 백지화하기에 이르렀다. 그때는 그동안 불철주야 노력한 것이 무산된 것에 대해 큰 허탈감을 느낄 수밖에 없었다. 이후 신공항 건설사업은 구심점을 잃고 표류하다 2012년 6월에 부산상공회의소를 중심으로 '(사)김해공항가덕이전시민추진단'이 설립되면서 시민들을 포함해 지역 각계의 힘을 결집시킬 수 있는 새로운 구심점을 갖게 됐다. 이후 지난 대선 때 신공항 건설을 대선공약화하면서 희망의 불씨를 다시 살릴 수 있게 되었고 현재 용역결과를 기다리고 있다.

🔊 Q. 부산에 신공항이 들어서야 하는 이유는?

🔊 A. 사실 신공항 논의는 처음부터 김해공항의 한계를 극복하고자 하는 데서 시작됐다. 현재 김해공항은 2002년 4월 15일에 중국 민항기가 경남 김해 돗대산에 추락해 166명의 사상자를 낸 사고에서 알 수 있듯이 안전상 심각한 문제를 안고 있다. 또 소음 문제로 인해 24시간 운항이 불가능해 국제공항으로서의 기능이 사실상 상실되어 있다. 뿐만 아니라 김해공항은 폭발적 수요 증가로 정부의 예측과는 달리 이미 포화상태에 이르러 이용객들이 큰 불편을 겪고 있다.

김해공항 국제선 이용객은 2013년에 전년 대비 약 14% 증가한 460만 명 이상이 될 것으로 예측되고 있다. 국제선 운항횟수도 2012년 대비 12.8% 급증한 1만 5,000회가 될 것으로 나타났다. 이 같은 이용객 증가는 정부가 지난 2011년 수립한 제4차 공항개발 중·장기 종합계획의 항공수요 예측치를 4년이나 빨리 초과한 것으로 김해공항의 포화시기도 7년 정도 앞당겨진 2023년이 될 것으로 전망된다. 따라서 지금 당장 신공항을 건설한다고 해도 10년 이상이 걸리는 공항건설 기간을 감안하면 이미 늦었다고 할 수 있다.

입지적인 측면에서도 이미 가덕도는 최적의 유일한 대안임이 공항 전문가들에 의해 이미 입증된 바 있다. 세계적 공항 역시 대체로 소음 문제와 안전상의 문제가 없는 해안 공항이 대세이다.

◀ Q. 최근에는 김해공항을 가덕도로 이전하는 운동을 하고 계신데 신공항 유치와 다른 개념인가?

◀ A. 지금까지 해 왔던 신공항 건설사업과 다르지는 않다. 다만, 앞서도 이야기했지만 신공항 건설이 백지화된 데는 입지를 두고 벌인 지역 간 갈등이 정부에 백지화 빌미를 제공했다는 것이 내 생각이다. 그래서 신공항 건설이 새로운 공항을 건설한다는 차원보다는 김해공항의 한계를 극복하기 위해 공항을 가덕도로 이전하는 것임을 분명히 해 불필요한 더 이상의 지역 갈등을 사전에 차단하기 위한 것이라 보면 되지 않을까 생각한다. 또한 공항이 대도시에 있어야 한다. 접근성이 양호한

도심형 공항이 되어야 된다는 뜻이다. 대도시의 여객수요와 산업물류 수요를 유인할 수 있어야 공항은 경제성이 담보될 수 있다. 뿐만 아니라 최근 김해공항은 전 세계 항공 산업에 새로운 바람을 불어 일으키고 있는 저비용항공(LCC) 분야에서 동북아 거점 공항으로서의 지정학적 위치를 점하고 있다.

국가 허브공항으로서의 인천공항과는 다른 새로운 경쟁력을 가지고 있는 곳이 김해공항이다. 따라서 김해공항의 경쟁력을 높이는 것이 신공항의 가장 훌륭한 대안이고 그 대안의 최적지가 바로 가덕도라 확신한다.

◀: Q. 부산에 신공항이 만들어지면 어떤 혜택이 있고 국가 경쟁력을 어떻게 높일 수 있는지?

◀: A. 다들 잘 알겠지만 우리나라는 전 세계에서도 유례가 없을 정도로 수도권의 경제력 집중이 심각한 상황에 와 있다. 우리나라 총생산의 47%, 인구는 49%, 대학 수 34%, 은행예금액의 71%가 집중되어 있는 것이 지금 수도권의 현실이다. 모든 것이 수도권으로 빨려 들어가고 있다. 한마디로 수도권에 엄청난 블랙홀이 형성되어 있는 것이다. 문제는 상황이 이럼에도 불구하고 개선될 기미는 전혀 없고 오히려 심화되고 있다는 것이다. 이렇게 해서는 앞으로 경쟁력이 없다.

수도권 과밀화는 이미 비효율을 양산하고 있다. 국토 전체가 지역별 경쟁력을 살린 각지의 개발전략을 통한 균형발전을 이루어야 한다. 개

143

인적으로 부산에 신공항이 건설되면 이러한 문제를 해결할 큰 전환점을 만들 수 있다고 확신하고 있다. 김해공항이 가덕도로 이전하게 되면, 부산은 명실상부한 국제공항을 보유하게 됨은 물론, 이를 통해 항만과 철도, 항공을 연계하는 동북아의 물류허브도시 건설이라는 도시 비전을 앞당길 수 있는 획기적 전기가 마련된다.

부산의 이런 성장은 서울의 성장이 주변 수도권의 성장을 견인했듯이 동남권 전체의 성장에 촉매가 될 수 있다는 것이 소견이다. 김해공항의 가덕 이전이 국토균형개발이라는 국가적 과제를 해결하는 훌륭한 답이 될 수 있다는 것이다. 뿐만 아니라 최근 중국인들의 경제성장을 배경을 본격적인 해외여행을 시작했다. 2020년이 되면 중국인 해외여행객이 1억 명에 달할 것으로 전망되고 있다.

중국인 대부분은 바다에 대한 상당한 로망이 있다. 최근 부산을 찾는 중국인 관광객이 폭발적으로 늘어나고 있는 것도 바로 이런 이유 때문이다. 기회를 잡아야 한다. 지금 준비하지 않으면 국가적으로도 큰 시장을 잃어버릴 수 있다. 신공항 문제는 수도권 중심의 논리와 사고를 벗어나 역지사지(易地思之)의 심정으로 지방의 입장에서 새롭게 접근해 줄 것을 수도권과 중앙 정부에 바란다.

계속 벌어지는 경쟁
도시와의 격차

상하이 외국인 투자액, 부산의 30배

부산시는 2012년 4억 8,000만 달러의 외국인직접투자(FDI)를 유치하면서 사실상 역대 최대 외국인 투자 유치를 기록했다. 이는 2010년 2억 5,300만 달러, 2011년 3억 5,900만 달러에 비해 크게 늘어난 수치다. 수치상으로 역대 최대는 2000년 4억 9,000만 달러다. 하지만 그때는 외국인 투자를 최대한 허용해 국부 유출이 심했던 때로, 2013년이 실질적 역대 최대라고 부산시는 설명했다. 2012년 외국인직접투자를 업종별로 보면 제조업 20%, 기타서비스업 80% 정도로 점차 서비스업의 비중이 늘어나고 있다. 지역별로는 아시아 50%, 유럽 25%, 미국 20%, 기타 5% 정도다.

하지만 2012년에도 수도권 편중 현상은 계속됐다. 2012년 한국 전체 외국인직접투자 규모는 역대 최대인 162억 달러였다. 서울, 인천, 경기도 등 수도권이 전체의 65% 정도인 105억 달러를 유치해 과도한 수도권 쏠림 현상을 보였다. 부산은 전체 대비 3% 수준에 불과하다. 현재 외국인직접투자는 국내 대기업에 납품하는 부품시장을 겨냥해 들어온 외국인 제조기업들이 대다수다. 대기업의 본사와 납품처가 몰려있는 수도권을 중심으로 투자가 이뤄지는 구조적 한계가 문제로 지적된다.

부산시는 2012년 역대 최대의 외국인 투자액을 유치했지만 이 수치는 상하이의 30분의 1밖에 되지 않는 초라한 성적이다. 상하이라는 하나의 도시가 한국 전체 외국인 직접투자 규모와 맞먹는 150억 달러에 달하기 때문이다. 차이나데일리에 따르면 2012년 상하이에 직접 투자한 외국인 투자액은 151억 9,000달러로 2011년에 비해 20.5%가 늘었다. 특히 2013년 10월 상하이 자유무역지대(FTZ)가 출범하면서 이런 격차는 앞으로 더 벌어질 것으로 보인다. 상하이 FTZ는 세계 컨테이너 물동량 1위인 상하이항을 중심으로 면적 28.78㎢의 지역에 조성됐다. 중국 정부는 2020년까지 상하이 FTZ를 글로벌 금융과 물류의 중심지로 만들 계획이다.

이번 상하이 FTZ 출범은 중국 정부가 100년 만에 상하이를 세계의 중심 도시로 발전시키겠다는 원대한 꿈의 첫 발자국을 내딛는 것이라고 볼 수 있다. 중국 정부는 상하이 FTZ내에서 자국 민간자본과 외국 금융기관의 금융서비스업을 개방한다. 또 외국 자본에 대한 각종 투자

유인책도 마련했다. 외국인 투자에 대해 투자 실행 이전 단계부터 내국민으로 대우하고, 투자 분야도 일부 항목을 제외하고는 모두 허가할 방침이다. 이에 따라 외국 자본이 독자적으로 은행, 병원, 관광시설, 물류회사 등을 설립할 수 있다. 5년 내 150여 개 다국적 기업 지역본부를 유치할 계획이다. 이례적으로 인터넷 서비스도 일부 개방한다. 각종 통관 절차도 대폭 간소화한다.

상하이 FTZ 출범은 앞으로 아시아 주변국들에 위협이 될 수밖에 없다. 국제 금융도시 홍콩과 싱가포르 및 부산 등 물류항구들은 이른바 '상하이 블랙홀'에 위기를 느끼고 있다. 상하이 블랙홀 현상은 이미 나타나고 있다. 홍콩에 대한 지난해 FDI가 20%나 감소한 반면 상하이에 대한 FDI는 21%나 증가했다. 상하이가 발전할수록 국제 금융허브와 역외 위안화 중심지인 홍콩의 위상은 추락할 것이다.

우리나라도 예외는 아니다. 중국이 외국 선박에 대해 환적업무를 허용하지 않아 그동안 반사이익을 누려왔던 부산항의 경쟁력이 크게 흔들릴 것이 틀림없다. 부산항의 경우 2013년 상반기 컨테이너 물량 중 절반이 국제 환적화물인 것을 감안하면 향후 상하이와 직접 경쟁이 불가피 하다. 부산항의 컨테이너 물동량은 상하이와 싱가포르, 선전, 홍콩에 이어 세계 5위에 머물고 있다. 상하이 자유무역지대 등장으로 상하이의 통관 절차가 간편해지면 그동안 부산항을 이용하던 국제 환적화물이 상하이로 대거 옮겨질 것으로 보인다. 또한 상하이 법인세율이 중국(25%)보다 낮은 15%로 조정될 경우 의료·항공·정보기술(IT) 등 첨단산업을 유치하기가 더 쉬워진다. 이에 따라 상하이항은 아시아 물류 블랙홀로 부상할 것으로 보인다. 중국 투자 외국 선박에 대한 연근해 환적업무가 허용되면서 그동안 국제 환적업무가 활발했던 부산, 홍콩, 싱가포르 등의 경쟁력이 흔들릴 수밖에 없다. 부산항의 경우 이미 환적화물 증가율이 매년 둔화되고 있는 상황에서 더욱 치명적이라는 의견이 나오고 있다.

부산은 미래 도시 경쟁력 50위권 밖

씨티(Citi)의 의뢰로 EIU(Economist Intelligence Unit)가 세계 주요 도시의 경쟁력을 조사한 자료에 따르면 부산은 미래 도시경쟁력이 51위에 그쳤다. '핫스팟'이라는 제목으로 2013년 6월에 발표된 이번 보고서에는 자본, 사업, 인재, 관광 측면에서 얼마나 유치능력을 가지고 있는가를 기준으로 세계 주요 도시의 경쟁력을 두고 순위를 매겼다. 120개 도시 가운데 뉴욕, 런던, 싱가포르가 각각 1, 2, 3위에 올랐다. 우리나라 순위는 서울이 15위, 인천이 43위였으며 2012년과 비교해서는 서울이 7단계, 인천이 17단계, 부산이 12단계 상승했다. 인구 7억 5,000만 명에 달하는 120개 '핫스팟' 도시는 2011년을 기준으로 세계경제의 29%이자 200조 2,400억 달러 규모의 GDP를 차지하고 있다. 국가를 대표하는 도시들이 지닌 가장 두드러진 장점은 세계에서 가장 뛰어난 인재를 개발, 유치하는 능력이었다. 유럽과 미국의 도시는 노후화되어가는 인프라스트럭처와 막대한 예산 적자에도 불구하고 자본, 사업, 인재, 관광을 지속적으로 유치하는 능력 때문에 인적자본 항목지표를 장악한 것으로 나타났다. 특히 이번 조사에서 주목할 점은 항만도시들이 굉장한 속도로 탑 레벨로 오르고 있다는 것이다. 싱가포르가 3위, 홍콩이 4위를 했고 상하이는 중국에서는 최고 순위인 38위를 기록했다.

씨티의 마이클 코뱃(Michael Corbat) 최고경영자는 "전 세계의 도시들은 혁신의 중심이자 경제성장의 엔진으로서 계속 진화하고 있다"며 "앞으로 세계를 변화시킬 것이라고 우리가 본 150개 도시에 대한 집중이 중요하다. 씨티가 의뢰한 EIU 연구는 도시의 경쟁력을 높이는 변수에 대한 이해를 강화하고 최고의 성과를 거두는 도시들이 어떻게 지속적으로 경쟁적 우위를 창출하는지 잘 설명해줄 것이다"고 말했다.

보고서가 예측한 2025년 세계에서 가장 경쟁력이 높은 10개 도시는 뉴욕(1위), 런던(2위), 싱가포르(3위), 홍콩(4위), 도쿄(5위), 시드니(6위), 파리(7위), 스톡홀름(8위), 시카고(9위), 토론토(10위)이다.

- 〈핫스팟 2025: 도시들의 미래경쟁력 비교 분석〉

〈핫스팟 2025: 도시들의 미래경쟁력 비교분석(Hot Spots 2025: Benchmarking the Future Competitiveness of Cities)〉은 8개의 경쟁력 평가 부문과 32개의 개별 지표를 통합하여 2025년 도시들의 경쟁력 순위를 반영하고 있다. 각 부문은 경제력, 물리적 자본, 경제적 성숙도, 행정체제 특성, 인적 자본, 글로벌 매력, 사회적 및 문화적 특징, 환경 및 자연재해이다. 이 부문들의 점수에 가중치를 적용한 점수가 한 도시의 전체 순위 지표이다. 본 보고서는 2012년 씨티가 의뢰한 첫 EIU 보고서인 〈핫스팟: 글로벌도시 경쟁력 비교분석(Hot Spots: Benchmarking Global City Competitiveness)〉을 기반으로 작성되었다.

- 핫스팟 2025의 주요 사항

상파울루, 인천, 뭄바이가 2012~2025년간 가장 빠르게 변화할 도시로 꼽혔다. 브라질의 상업과 경제 수도인 상파울루(36위)는 본 지표에서 향상율이 가장 높은 도시다. 경쟁력의 급등 요인으로 이 도시의 급성장 중인 젊은 인력, 탄탄한 통신 인프라, 잘 구축된 민주주의와 금융 성숙도 등이 지목되었다. 한국의 3대 도시인 인천(43위)이 두 번째로 높은 향상율을 기록했다. 계속 발전 중인 이 도시는 세계적 수준의 항구, 운송 인프라, 인천자유경제구역의 개발 등에 대한 투자로 인해 동북아 전체의 상업, 사업, 운송, 관광의 허브로 자리 잡게 할 것이다. 지표 전반에 걸친 인천의 부상은 신흥 아시아의 여러 도시들이 지난 수십 년에 걸쳐 이룬 제도적, 사회적, 경제적 발전을 잘 보여준다. 또한 2025년 이후에도 신흥시장 도시들의 경쟁력이 계속 커질 것이라는 점을 보여주고 있다.

인도의 금융수도인 뭄바이(51위)가 경쟁력 향상에서 3위를 기록했다. 이러한 급상승은 이 도시의 순전한 경제적 힘, 향상된 금융 성숙도, 문화적 역동성에 의한 것이다. 뉴욕은 계속해서 세계 최고의 경쟁력을 가진 도시로 유지될 것이다. 예측에 따르면 뉴욕은 현재 가장 경쟁력 높은 도시이며, 2025년까지도 계속 그럴 것이다. 뉴욕은 금융 성숙도 측면 순위에서 1위를 기록했으며, 제도적 특성과 경제력에서도 가장 높은 경쟁력을 가진 도시다.

북미와 서유럽 도시들은 경쟁력 측면의 장점을 계속 유지한다. 미국과 서유럽의 도시들은 노년인구, 인프라, 금융위기의 계속되는 여파 등의 악재에도 불구하고 계속해서 자본, 사업, 관광객, 인력들을 유치할 것이다. 그러나 유로존 위기는 남유럽 및 동유럽의 도시들에 타격을 입히며 이 지역에 '경쟁력 분할(Competitiveness Divide)'을 만들어낼 것이다. 예를 들어 마드리드(공동 46위), 로마(68위), 부카레스트(80위)는 모두 2012~2025년 기간에 그 순위가 하락한다.

중국의 경쟁력 상승은 완화된다. 가장 향상될 도시 상위 25위에 중국 도시는 없다. 이는 21세기의 첫 10년 동안 중국의 많은 도시들이 이룬 발전에 기인한다. 2025년까지 중국은 세계최대 경제권으로서 미국을 추월할 것이다: 강력한 성장, 급속한 도시화, 생산성의 향상이 그 요인이다.

• 2025년 경쟁력 강화의 요인

규모는 중요하지 않다. 2025년 경쟁력 상위 20위권의 도시들은 세계 최대(도쿄, 3,700만 추산)에서 최소(취리히, 140만 추산) 몇 곳에 이르기까지 다양하다. 탄탄한 인프라가 강력한 결정요인이다. 물리적 자본(물리적 인프라, 공공운송, 통신의 품질로 규정되는)이 경쟁력 결정에 크게 작용한다. 전체 경쟁력 지표로 가장 빠르게 성장하는 도시 10곳 중 9곳이 항구이거나 해상 접근이 용이한 곳이었다. 예를 들어 항구도시이자 오만의 수도인 무스카트(64위)는 14계단 뛰어올랐고, 러시아의 서구 교역 관문인 상페테르부르크(92위)는 15계단 올랐다.

환경 및 자연재해가 점점 더 중요한 역할을 하게 될 것이다. 환경 관리와 지속가능한 정책의 높은 기준이 도시를 사업과 시민 모두에게 매력적으로 만든다. 예를 들어 도쿄는 향후 자연재해 대응 능력 추정 점수 덕분에 경쟁력 우위를 유지했고, 2025년 미국 내 경쟁력 2위인 시카고는 환경 관리 면에서 미국 내 1위를 기록했다.

교육 역시 강력한 요인이다. 교육의 품질은 지속적으로 강력한 생산성과 성장을 뒷받침하여 궁극적으로는 도시 경쟁력에 공헌한다. 이는 교육에 대한 장기적 매진에 힘입어 도시 경쟁력을 지원하는 텔아비브에서 볼 수 있다. 싱가포르의 교육 향상에 대한 집중 역시 이 도시를 2025년 인적 자본 부문 상위 10위 안으로 끌어올리게 했다.

• 씨티에 대하여

세계적인 금융 서비스 기업 씨티(Citi)는 약 2억 개에 달하는 고객 계좌를 보유하고 160여 개국에서 사업을 영위하고 있다. 씨티는 소비자, 기업, 정부, 기관들에게 소비자뱅킹, 신용, 기업 및 투자뱅킹, 증권 브로커, 거래서비스, 자산관리 등 광범위한 금융상품과 서비스를 제공한다.

• 이코노미스트 인텔리전스 유닛(EIU, The Economist Intelligence Unit)

'이코노미스트 인텔리전스 유닛'은 〈이코노미스트(The Economist)〉의 발행사인 이코노미스트 그룹(The Economist Group)의 사업정보 관련 계열사이다. 650여 명의 분석가와 기고자로 구성된 글로벌 네트워크를 통해 200여 개국가의 정치, 경제, 사업 상황을 지속적으로 평가하고 예측한다. 세계 선도적인 국가 지능 제공기업으로서, 전 세계 시장 경향과 사업전략에 대한 시기적절하고 안정적이며 공정한 분석을 제공, 경영자들이 더 나은 사업 결정을 할 수 있도록 돕고 있다.

매일경제 국민보고대회 프로젝트팀과 글로벌 컨설팅그룹인 아서디리틀(ADL)이 2013년 3월 제 21차 국민보고대회에서 도시경쟁력을 분석한 결과에서도 부산은 전 세계 20개 글로벌도시 중 꼴찌인 20위를 차지했다. 서울과 부산은 원아시아 중심도시가 될 수 있는 잠재력은 높지만 글로벌기업과 우수 인재를 끌어들일 도시기반서비스에서는 크게 밀리는 것으로 나타났다. 성장잠재력으로 알아본 이번 조사에서 전 세계 20개 글로벌도시 중 서울은 6위를, 부산은 20위를 차지한 것으로 분석됐다. 매일경제와 ADL은 기존 도시평가 기준이 아닌 성장가능성을 측정하는 글로벌도시경쟁력지수를 만들었다. 이는 미래 도시를 위한 기준으로, 앞으로 얼마나 많은 일자리를 만들어내고 지속적인 성장 잠재력을 가졌는지를 기준으로 삼았다. 경제적 활력이 높은 '젊은' 도시일수록 순위도 높다.

미래성장가능성이 높은 도시를 평가하는 이번 조사에서 상하이, 멕시코시티, 부에노스아이레스 같은 신흥국 도시들이 높은 순위를 차지한 이유다. 하지만 이번 조사에서 눈여겨볼 곳은 1위를 차지한 뉴욕이다. 런던을 대신해서 금융 중심지가 된 뉴욕은 세계의 심장 노릇을 한 지 100년이 되어 가지만 성장에 대한 잠재력에서 압도적인 위치를 차지하는 것으로 나타났다.

Part 3

해양강국 코리아를
향한 전략

세계적인 석학인 자크 아탈리는 저서《미래의 물결》에서 세계의 차기 거점도시로 미국 캘리포니아 해변도시를 꼽았다. 바다라는 지리적 이점, 항구와 항만의 접근성, 스탠퍼드대 등 우수대학과 연구소 인접 등을 근거로 제시했다. 그는 또 한국이 세계를 지배하는 강력한 세력으로 부상할 기회를 잡지 못한 이유에 대해서도 지적했다.

그는 "오랫동안 해양산업을 소홀히 했다. 거북선 발명 등 16세기에 이뤄진 기술적인 혁신을 최대한 효율적으로 활용해 지속적으로 해양을 제어할 수 있는 능력을 발전시키지 못했다. 30여 년 전에야 비로소 경제적 도약을 뒷받침할 만한 실질적인 해양상선단을 형성했다. 해양과 제조업의 배후지만 놓고 본다면 '거점'이 될 수 있었음에도 불구하고 최근에 와서야 항구를 집중적으로 키우기 시작하면서 그만큼 외부세계로의 개방이 늦어졌다. 따라서 충분한 선원, 엔지니어, 기업창업가, 상인, 제조업자들을 길러내지 못했고, 외국으로부터 대규모로 과학자, 은행가, 기업가들을 끌어들이지도 못했다. 한국은 이 같은 창조적 계급 대신 어떻게 해서든지 위험부담을 줄이려고 애쓰는 이론가나 관리계급, 다시 말해서 개개의 문제를 종합하고 행정적으로 처리하는 달인들을 키워냈을 뿐이다"라고 지적했다.

역사적으로 해양강국이었으나 해양의 중요성을 인식하지 못한 데 대한 뼈아픈 지적이다. 지금이라도 집중적인 해양산업의 그릇을 키운다면 제2의 전성기를 맞을 수 있다. 우리나라가 해양강국으로 가기 위한 전략은 크게 세 가지다. 매일경제가 제22차 비전코리아 국민보고대회에서 제시한 액션플랜은 '물류삼합', '크루즈 모항 건설', '초대형 항만도시군 구축'이다. 부산을 중심으로 한 남해안권에 3개의 터보엔진을 달아 우리나라 제2의 경제 폭발을 유도하자는 것이다.

육해공 물류삼합을
완성하라

부산은 동북아 천혜의 요지

우리나라가 동북아에서 중요한 지정학적 위치를 가지고 있다는 점
은 늘 강조돼왔다. 특히 인근 어느 나라보다도 가장 긴 해안선을 가지
고 있어 해양강국으로서 큰 장점을 가지고 있다. 노벨경제학상 수상
자인 미국의 엘리너 오스트롬(Elinor Ostrom) 교수는 "한국은 매우 긴
해안선을 갖고 있어 좋은 어장이 많고 수산자원이 풍부하다. 이런 해
안을 잘 보호하는 것이 지속가능한 발전을 위해 중요하다"고 말했다.

국립해양조사원이 2009년 발표한 자료에 따르면 우리나라 해안선
길이는 육지에서 6,840km, 섬에서 5,910km로 총 1만 2,750km에 달
한다. 서해안과 남해안은 굴곡이 심한 리아스식 해안이라 육지 면적
대비 해안선의 길이가 129%나 된다. 이는 섬나라 일본도 87%밖에 안

부산은 동북아 천혜의 요지

되는 점에 비하면 대단한 긴 해안선을 보유하고 있는 셈이다.

해안선이 길면 어떤 강점이 있을까? 바다에 접근할 수 있는 기회가 많아진다는 것이 장점이다. 해양물류산업은 물론 해양레저, 수산업 등 바다와 관련된 모든 산업과 레저활동이 효율적으로 이뤄질 수 있다. 김웅서 한국해양연구원 책임연구원은 사이언스 에세이에서 "아랍에 미리트가 야자수를 닮은 인공섬까지 만들면서 해안선을 늘리는 이유가 바로 여기에 있다"고 말했다.

특히 부산을 비롯한 남해안권은 중국과 일본 사이에서 위치하면서 동북아 경제권의 중심역할을 할 수 있는 관문에 위치해 있다. 동북아 경제권은 EU, NAFTA와 함께 3대 교역권의 하나로 부상했다. 여기에 세계 제2의 경제대국인 일본과 새로운 경제대국으로 부상하고 있는 중국 사이에 자리하고 있고, 러시아가 대규모 개발 프로젝트를 추진 중인 극동지역과도 인접해 있다. 또 동북아 중심에 위치하면서 동경, 베이징, 상하이 등 인구 100만 도시 이상의 국제도시와 2시간 비행거리 이내로 연결된다. 이 범위 안에서만 인구 5억 명, GDP가 6조 달러에 달해 경제적인 수혜를 자연스레 얻을 수 있다.

왜 물류삼합인가

부산을 중심으로 남해안권은 앞에서 언급한 지정학적 이점과 천혜의 자연, 조선물류 핵심산업 인프라가 풍부하다. 또 세계 5위 규모의 항만을 갖추고 있고, 세계 3대 조선소가 밀집해 있다. 고속도로와 철도도 내륙과 수도권으로 사통팔달 연결되어 있다. 육로와 해상에서는 세계와 견줄만한 최고의 인프라스트럭처를 갖추고 있는 것이다. 그러나 아쉽게도 공항을 통한 항공물류 능력은 아직까지 미비하다. 가장 발달한 도시인 부산조차 현재 육상과 해상의 바이 포트(Bi-Port)에 머물러 있다. 시급히 제대로 된 공항을 건설해 트라이 포트(Tri-Port)를 완성해야 한다.

부산을 중심으로 항공 물류능력을 완비해야만 관련 물류산업은 물론 천혜의 절경을 자랑하는 남해안 관광자원과 풍부한 수산자원을 활용할 수 있어 해양강국으로 나아가는 주도권을 선점할 수 있다. 최근 해양 선진국의 물류시스템은 항만에서 육상과 연결되고, 그 항만은 공

Tri-Port 핵심은 공항

항과 결합하는 것이 트렌드로 자리 잡고 있다. 암스테르담, 싱가포르, 홍콩, 두바이, 상하이 등 글로벌 물류허브를 자처하는 도시들은 모두 육·해·공의 삼박자를 갖추고 있다.

특히 항만과 공항이 모두 20km 내에 위치하면서 항만과 공항이 연계된 복합물류의 시너지 효과를 내고 있다. 부산은 세계 5위 규모의 컨테이너 항만을 갖추고 있지만 제대로 된 공항이 없어 세계 물류허브 도시들과의 경쟁에서 뒤처지고 있다. 인근에 김해공항이 있지만 규모가 작고 화물 운영시스템도 낙후돼 제대로 된 항공 경쟁력을 갖추지 못했다. 부산이 물류 경쟁에서 주춤하는 동안 세계 물류시장은 중국 등 주변국으로의 쏠림 현상이 두드러지고 있다.

새로운 북극자원 개발 비즈니스의 거점

북극항로 개발의 최대 수혜지

최근 북극항로 개발과 유라시아를 잇는 철도 개설이 가시화되면서 부산을 비롯한 동남권은 새로운 기회를 맞고 있다. 북극항로와 유라시아 대륙철도 논의가 활발해지면서 물류 루트의 지각 변동이 예고되고 있기 때문이다. 또 천혜의 자원이 매장돼 있어 북극 개척이 활발해질 경우 세계적인 경쟁력을 갖춘 해양플랜트산업이 집중된 부산, 울산, 경남지역에 유리하게 작용할 수 있다. 항만과 물류가 결합할 경우 더 큰 시너지 효과를 낼 수 있는 이유다.

삼성경제연구원은 최근 북극항로가 개척되면 아시아 쪽 길목에 자리 잡은 부산항이 기존 유럽 항로의 물류중심지인 싱가포르 같은 역할을 할 수 있을 것으로 보고 부산항이 최대 수혜자가 될 것이라고 전망했다.

동아시아와 러시아 및 북유럽를 잇는 무역 경로에 위치한 부산항, 동해항, 울산항, 여수항 등은 연료유 및 선용품 공급, 선원 교체승선 등 최적의 운항 지원 서비스까지 갖추고 있는 점도 장점으로 꼽았다. 현재 부산항을 출발해 수에즈운하를 거쳐 유럽으로 향하는 항로는 약 2만 2,000km에 달하지만 북극해를 통하면 1만 5,000km로 단축된다. 파나마운하를 경유하는 현재 미국 항로도 북극해를 거치면 항해시간을 30% 가량 줄일 수 있고 시간은 6일 이상 단축된다. 실제 2010년 시

해양플랜트 시장규모 전망   〔단위 : %〕

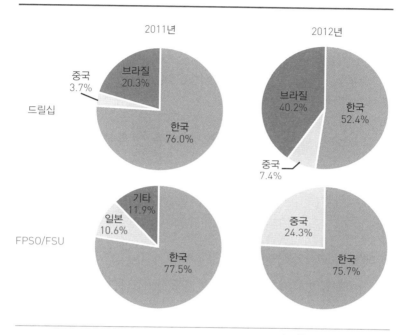

자료: Clankson, NICE 신용평가

험운항에 성공한 노르웨이의 철광석 벌크노르딕 바렌츠호는 총 26만 달러의 절감 효과를 증명했다.

또 북극에 매장된 고부가가치 자원도 해양플랜트가 강점이 동남권 지역을 통해 새로운 국부창출로 이어질 수 있다. 북극에는 전 세계 미발견 석유와 가스의 22%에 달하는 4,120억 배럴이 매장되어 있다. 화석연료 외에도 2조 달러 상당의 철광석, 구리, 니켈, 우라늄, 아연, 철광석, 다이아몬드 등 고부가가치 자원이 매장되어 있다. '불타는 얼음'

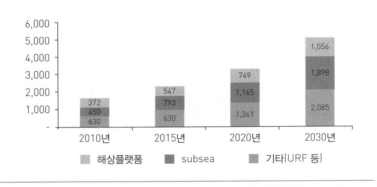

2012년도 주요 해양플랜트 국가별 시장점유 현황　　　　　(단위 : 억 달러)

자료: 기획재정부 Douglas Westwood

으로 불리는 가스 하이드레이트 등 '미래자원'도 막대한 양이 분포해 있는 것으로 조사됐다. 여기에 한류성 어류의 지속적인 증가로 2020 년경에는 세계 수산물 생산량의 37%를 차지할 것으로 예상된다.

　우리나라는 2008년 캐나다, 덴마크, 핀란드, 아이슬란드, 노르웨이, 러시아, 스웨덴, 미국 등 북극권 8개 국가들이 북극자원 개발을 위해 설립한 북극이사회의 임시 옵서버 자격을 얻었다. 2012년에는 북극자 원 개발을 규정한 스발바르조약에 가입하면서 본격적인 북극 개발 대 열에 동참하고, 2013년 초에는 북극이사회의 영구 옵서버 자격을 신 청해 그 결실을 맺게 됐다.

　이 같이 북극 개발에 정부가 적극적인 의지를 보이면서 부산을 비롯 한 남해안권이 새로운 수혜지역으로 떠오르고 있다. 부산을 중심으로

북극개발의 거점

100km 내에 세계 1, 2, 3위 조선소인 현대중공업, 삼성중공업, 대우조
선해양이 위치하고 있는 데다 우리나라의 조선산업은 물론 해양플랜
트 산업의 핵심 인프라가 여기에 밀집해 있기 때문이다.

대륙철도의 관문

유럽과 중국, 러시아를 잇는 유라시아 대륙철도도 부산을 비롯한 남
해안권에 새로운 기회다. 2013년 11월 13일 한러 정상회담에서 '나진
~하산 프로젝트' 양해각서 체결로 부산에서 유럽까지 유라시아 철도
를 개설하는 첫 단추를 끼웠다. 대륙철도가 개설되면 부산항에서 나진
항까지 바다로 이동해 나진에서 하산 54km 구간을 거쳐 시베리아철

도를 이용해 유럽까지 육로로 갈 수 있다.

이를 대비해 주변 철도·도로 등 육상 수송 인프라도 새롭게 구축하고 있다. 동해남부선-울산 간 복선전철사업의 부산구간이 2013년 개통하고, 부전-마산 복선전철사업이 오는 2019년까지 개통될 예정이다. 북항대교가 완공되면서 2013년 새로운 링 형태의 순환도로망이 완성되고, 2017년 신항 제2배후 도로까지 추진되면 부산의 항만과 육상교통망이 연결된다. 북극항로와 유라시아 대륙철도의 시대가 열리면 부산을 중심으로 한 동남권은 미주, 유럽으로 향하는 해양수송의 기점이 되고 대륙물류의 출발점이 된다. 당장 북극항로만 개설되더라도 앞으로 막대한 해양플랜트 산업 시장이 형성될 것으로 예상되고 있다.

홍대순 ADL 코리아 부회장은 "북극해 자원은 전 세계 자원의 약 20%에 달할 것으로 전망된다"며 "향후 5년간 약 1,800조 원에 달하는 해양플랜트 및 운영시장이 형성될 것으로 예상된다"고 말했다. 부산상공회의소에서 2013년 열린 '북극해 항로 시대를 대비한 부산경제 발전방안 연구용역 중간보고회'에서 한국해양대 류동근 해운경영학부 교수는 "단기적으로 북극해의 극지 지형을 감안한 쇄빙선 수요와 극지 석유, 천연가스 탐사용 해양플랜트 장비 개발에 대한 수요가 급증할 것"이라고 밝혔다.

동남권에 밀집된 세계 빅3 조선소는 북극해 해양 플랜트 운영의 최적의 환경을 제공한다. 해상, 육상, 공해의 물류삼합이 이뤄질 경우 물류 거점으로서 조선 기자재의 공급뿐 아니라 인력·물자 공급까지 담당해 여기서 유발되는 경제효과 상당 부분을 부산권이 흡수할 수 있다는 것이다. 일례로 러시아는 쇄빙 LNG선에 대한 입찰 자격을 한국을 비롯한 일부 국가의 조선소에만 발주해 극지용 선박 제조 기술에서 세계적인 경쟁력을 가진 한국기업 시장 선점 가능성에 청신호를 밝히고 있다.

동북아 '복합운송'의 허브가 되자

항만과 공항 결합의 필요성

매일경제는 2013년 3월 제21차 국민보고대회에서 도시선언 프로젝트를 진행하면서 부산의 발전 전략으로 항만과 공항의 결합을 강조한 바 있다. 물류의 기본은 공항으로 기본적으로 항만과 붙어 있어야 시너지 효과를 낸다는 것이다. 세계물류허브를 자처하는 싱가포르, 홍콩, 두바이 등에 있는 항구와 공항을 보면 공통점을 지니고 있다. 바로 공항과 항만이 근접해 복합운송(Sea&Air)체계를 갖췄다는 점이다.

경제협력개발기구(OECD)의 전망도 비슷하다. OECD가 2005년 발표한 〈부산지역 전망(Territorial Reviews: Busan)〉 보고서에서 부산이 극복해야 할 중요한 약점 중 하나로 상대적으로 약한 접근성을 지적한 바 있다. 한국으로 오가는 국제 교통량을 고려해 봤을 때 김해공항은 대한민국 항만 개발 전략에 있어서 가장 약점으로 남아 있다는 것이다. OECD는 보고서에서 한국에서의 물류금액은 지난 10년간 상당히 증가했고, 운수비용도 증가하는 상황이라고 진단했다. 이러한 트렌드는 현재 존재하는 인프라의 통합과 새로운 시설의 필요성을 나타낸다.

특히 항만 배후단지의 항만, 열차, 도로, 항공운송수단 간의 복합성과 비용 대비 효과적인 물류구조는 선사들을 모집하는 데 점점 중요한 기준이 되고 있다. 그러나 부산항은 항만의 화물처리 능력을 상승시키고 경영능력을 개선할 여지가 있음에도 불구하고 제대로 효율성을 높이지 못하고 있다고 진단했다. 최근 세계 주요 항만도시는 인접한 공항과 함께 동반 성장하고 있다. 화물처리 세계 1위 홍콩은 첵랍콕공항과 불과 19km 떨어져 있고, 기업들의 진출이 잇따르고 있는 중국 상하이항은 푸둥공항과 1시간 거리에 위치해 있다.

OECD가 2013년 발표한 보고서 〈글로벌 항만도시의 경쟁력〉에는 세계적인 도시들이 공항에 가깝게 본사를 두고 있는 이유를 분석했다. 1980년대와 90년대 600여 개가 넘는 물류회사들은 네덜란드의 암스테르담의 스키폴공항과 가까운 곳에 입지를 선정했다. 이는 많은 화물이 로테르담항만에서 발생하지만, 공항과 가까운 곳에 입지하는 것이 부가가치가 높은 비즈니스 환경에 적합했기 때문이다.

항공물류가 해운물류의 대체제가 될 수 있는지의 여부가 공항의 매력도를 결정한다면 항만과 공항의 거리는 매우 밀접한 관계를 가진다는 것이다. 즉 공항과 항만의 거리가 좁을수록 시너지 효과는 크다. 세계적인 도시들을 보자. 미국 휴스턴의 경우 많은 물류 회사들의 본사를 둔 거대도시로 성장하는 데는 대형 항만과 공항의 접근성이 주효했다. 또 독일의 함부르크, 벨기에의 앙투압, 동남아시아의 싱가포르·홍콩 등이 대표적인 물류센터인데 여기에는 운송회사뿐만 아니라 세계 유수의 다국적 기업들이 상품의 생산·유통·재고·정보 등을 총괄적으로 관리하는 지역본부를 두고 있다.

엄태훈 세계항공교통학회 회장은 "유럽·북미의 교통·물류허브를 방문해 성공 요인을 조사해 보니 공항과 항만시설, 철도와 도로 등이 모두 갖춰져 있는 것이 중요한 요인이었다"며 "공항과 항만이 있으면 세계적 물류기업 유치도 가능하다"고 밝혔다.

항만과 공항의 결합 효과

부산에 복합운송허브가 구축된다면 어떤 효과가 나올까. 동남권 트라이포트(Tri-port)가 구축되면 일본과 중국에서 자체 운송되던 육상&항공(Road&Air) 물량을 한국을 거치는 해양&항공(Sea&Air)으로 흡수할 수 있다. 단적인 예를 들어보면 일본 굴지의 반도체업체 A사는 항만과 항공이 연계된 세계 최고 수준의 복합물류시스템을 갖춘 부산에서 제품을 운송한다. 도쿄에서 생산된 제품은 도쿄항과 요코하마항에서 선적된 뒤 부산항에 도착해 다시 부산공항을 통해 동남아시아와 중국으로 운송된다. 일본 나리타공항을 이용했던 이 업

체는 운송 노선을 바꾸면서 연간 100만 유로의 운송비용과 시간을 단축했다. 이 사례는 부산에 신공항이 들어선다는 가정하에 진단약과 기기제조 분야 세계 1위 기업인 로슈진단의 사례를 참조해 가상해 본 것이다.

실제로 로슈진단은 일본 히타치제작소에서 생산한 기기를 애초에는 나리타공항을 이용해 운송했으나 인천공항으로 바꾸면서 종전보다 운송비용의 40%를 절감하고 있다. 현재 부가가치로만 5,300억 원에 달한다. 일본의 경우 비싼 육로 운송 비용으로 산업의 경쟁력이 약화되고 있는 상황이어서 육로보다 가까운 부산에 트라이포트가 구축된다면 물류 운송 거점을 옮기지 않을 이유가 없다.

최치국 부산발전연구원 선임연구위원은 "해상운송의 접점(Sea-port)과 항공운송의 접점(Air-port), 철도 내륙운송의 접점(Land-port)

이라는 박자가 갖춰져야만 물류중심지로 도약할 수 있다"고 말했다. 남부권에 신공항을 건설할 경우 항만, 대륙철도와 효율적인 연계성을 가장 심도 있게 따져봐야 한다는 것이다.

에어크루즈 모항을
건설하라

해양강국을 위한 두 번째 제안은 크루즈 시티(Cruise City) 건설이다. 크루즈관광은 21세기 가장 유망한 성장산업으로 주목받고 있다. 크루즈관광은 관광산업 발전과 더불어 조선과 해운산업에 파급효과를 가져온다. 이미 중국과 일본은 크루즈관광의 성장 잠재력을 높이 평가해 국가적 차원에서 관련 산업을 키우고 있다. 하지만 우리나라는 걸음마 수준이다. 세계 각국이 크루즈관광을 선점하기 위해 치열한 경쟁을 벌이고 있는 가운데 에어크루즈 모항이라는 개념은 이 경쟁에서 한발 앞서 나갈 수 있는 전략이다. 크루즈관광이 공항과 연계될 때 부가가치는 더 높아진다. 미국 마이애미는 공항과 크루즈를 연계해 연간 400여 만 명의 관광객이 찾고 있어 전 세계 크루즈관광의 수도로 불리고 있다.

우리나라는 최근 절호의 기회를 맞고 있다. 북극항로와 유라시아 대륙철도 개설 논의가 활발해지면서 우리나라는 동북아 교통과 물류 중심지로 성장할 기회가 생겼다. 특히 중국, 러시아, 일본으로 연결되는 전략적 요충지로서 부산의 지정학적 이점이 관심을 끌고 있다. 이 때문에 상당수 전문가들은 동북아 에어크루즈 관광의 최적지로 부산을 손꼽고 있다.

국내 크루즈관광 현실

크루즈관광은 크루즈와 관련된 관광과 서비스를 일컫는다. 쉽게 말하자면 휴식과 놀이 등 관련된 모든 편의시설을 갖춘 대규모 호화 유람선을 타고 즐기는 여행이다. 크루즈 선박 안에서는 최고급 숙박시설과 레스토랑, 수영장, 체육시설, 카지노 등의 시설이 갖춰져 있다. 크루즈 기항지에 내려 그 나라의 관광지를 둘러보고 쇼핑을 하는 것도 포함된다. 이처럼 현대적 의미의 크루즈관광은 바다를 횡단하는 전통적인 대형선박 여행과는 완전히 다르다. 전통적인 크루즈관광의 주요 목적이 운반과 수송에 있다면 현대적 의미의 크루즈관광은 숙박을 하면서 여가나 레저 활동을 즐기는 해상에서의 여행이다. 이러한 의미에서 크루즈 선박은 바다에 떠다니는 호텔이나 리조트라 불린다.
크루즈관광의 기본은 크루즈선이 정박할 수 있는 항만이다. 크루즈가 거쳐 가는 항만은 기항, 크루즈가 출발하고 도착하는 항만은 모항이다. 기항보다는 모항이 되어야 경제적 파급효과가 크다는 게 전문가들의 의견이다. 기항의 경우 경제적 효과는 관광객들이 배에서 내려 쇼핑을 하고 인근 관광지를 둘러보는 수준에 그치지만 모항은 다르다. 모항은 크루즈선을 타기 위해 관광객이 하루나 이틀 전 집결하기 때문에 숙박업과 음식업 등 관련 서비스업이 발달하게 된다. 이들 숙박업소와 음식점들은 모항 인근에서 식재료와 숙박 용품을 구매한다. 크루즈선이 모항에서 구입하는 유류와 선박용품의 경제적 효과도 적지 않다. 크루즈선 이용료 등 부가적인 요소까지 감안하면 크루즈관광은 기항보다는 모항으로 나아가야 발전 가능성이 높다.

크루즈관광을 포함한 관련 산업이 전 세계적으로 각광을 받자 정부는 1990년 후반 '동북아 크루즈 구상'을 내놓고 동·서·남해안 연안크루즈 상품을 계획했다. 크루즈관광의 첫발로 1998년 금강산 크루즈관광을 시도했다. 이후 크루즈관광은 크루즈사업의 등록과 각종 인허가, 크루즈 전용터미널 등 기반시설 부족, 법적·제도적 기반의 미흡으로 크게 활성화되지 못했다. 하지만 크루즈관광에 대한 지자체의 관심은 여전히 뜨겁다. 부산시는 '한중일 크루즈 관광허브 구축'을 목표로 크루즈 관광 활성화를 위한 장기계획을 수립했다. 제주특별자치도는 '동북아 중심 크루즈항'을 목표로 크루즈 관광객 유치에 적극 나서고 있다. 전라남도는 동북아 크루즈 관광시장과 중국 크루즈 관광시장 선점을 위해 목포항과 여수항에 크루즈 기반시설을 확충했다.

이들 세 지역은 국제 크루즈가 정기 취항하면서 가시적인 성과를 내

176

부산항 크루즈 기항횟수

연도	2014년	2013년	2012년	2011년	2010년	2009년
횟수	143 (예상치)	99	69	42	77	33

자료: 부산항만공사

고 있다. 하지만 크루즈선이 거쳐 가는 기항지일 뿐 모항 기능을 하지 못하고 있다. 크루즈관광의 경쟁력 확충을 위해서는 가야 할 길이 멀다는 지적이 나오고 있다. 크루즈관광의 대표주자인 부산을 살펴보자. 부산은 2007년 크루즈 터미널 개장 이래 부산을 찾는 크루즈선이 증가세를 보이고 있다. 2009년 33회였던 부산항 크루즈 기항은 2013년 99회로 3배 증가했다. 2014년에는 143회로 예측되고 있다.

문제는 이 같은 성장세에도 불구하고 경제적 파급 효과가 미미하다는 데 있다. 지금까지 부산의 크루즈관광은 기항지에 불과했다. 크루즈터미널 개장 이후 크루즈선이 부산을 이용한 경우는 두 차례에 그치고 있다. 2012년 부산과 일본 후쿠오카, 벳푸, 나가사키를 오가던 국내 최초 국적 크루즈선사인 하모니크루즈는 승객 확보에 어려움을 겪다가 2013년 1월 말부터 운항을 중단했다.

그나마 2014년 부산항을 모항으로 삼는 크루즈선이 잇따라 등장하면서 체면치레를 하고 있다. 2014년에는 로얄캐리비안크루즈사의 13만 7,000톤급 '마리너'호가 10월께 두 차례에 걸쳐 부산에서 5,000여

우리나라 크루즈관광 현실

분야	크루즈허브	국내 현실
외국 크루즈 유치	전용부두 등 시설확보, 전략적 지원과 인센티브 제공	화물부두 이용시설 열악, 마케팅과 관광 프로그램 미흡
체류여건	배후지역의 복합관광단지 등 풍부한 관광자원과 콘텐츠	터미널 인근 관광여건 미흡, 주변 지역 모객 콘텐츠 부족
국적선사	모항과 자국선사 적극 육성, 카지노와 출입국 등 편의 제공	자국선사에 대한 정책 지원 미비, 카지노와 운항여건 미흡
산업기반	전문인력 양성센터 등 설립, 유류 선용품 등 연관기반 구축	전문인력 양성체계 부족, 조선기술과 연관 산업 발전 미비

자료: 정부 관광진흥대책 보고 자료(2013년 7월)

명의 승객을 태울 계획이다. 코스타크루즈사의 7만 5,000톤급 '코스타 빅토리아'호도 2014년 6월 부산을 모항으로 승객을 태울 계획이지만 인근 중국과 일본에 비하면 경쟁력이 떨어지는 것이 현실이다.

한국관광공사가 2013년 초 발표한 '2012년 외래 크루즈 관광객 실태조사'를 보면 국내 크루즈관광이 처한 현실을 일부나마 엿볼 수 있다. 우리나라에 크루즈관광을 온 여행객들은 의사소통 불편(23.7%)에 가장 큰 불만을 나타냈고, 다음으로 면세점과 백화점 등 특성 없는 쇼핑 환경(12.6%)에 불만을 표시했다. 돈을 쓰려고 해도 쓸 만한 쇼핑 공간이 없다는 것이다.

이러한 현실은 부산지역 언론에서도 여러 차례 지적했다. 부산일보는 보도(2013년 4월 24일자)를 통해 '공식 기항지 투어 프로그램을 외면하는 여행객이 증가하고 있다. 특히 40대 이하 젊은층은 범어사, 자갈치 시장, 용두산공원, 용궁사 등 위주의 제한된 관광 프로그램에 매력을 느끼지 못하고 있는 것으로 분석되고 있다. 일부이긴 하지만 아예 부산을 제치고 경주나 양산 등 인근 도시로 빠져나가는 여행객도 제법 있다는 것이 여행사 관계자들의 설명이다. 기항지 관광의 매력이 떨어지자 아예 하선하지 않은 승객도 20%에 달한다'고 지적했다.

크루즈관광 앞서가는 싱가포르, 중국, 일본

아시아지역은 싱가포르가 1990년대부터 동남아시장의 크루즈허브로 기능해 왔다. 최근에는 중국을 중심으로 동북아시장이 급격히 확대되고 있다. 아시아지역이 세계 크루즈시장에서 차지하는 비중은 2013년 6.6%에서 2020년 25%까지 증가할 것으로 예측된다. 2005년 80만 명에 불과했던 크루즈 관광객도 2020년에는 700만 명으로 증가할 전망이다.

중국을 중심으로 동북아 시장이 급성장함에 따라 로얄 캐리비안, 코스타, 프린세스 등 주요 선사들의 동북아 선대 배치도 확대될 것으로 보인다. 로얄 캐리비안은 15만 4,000톤급 '프리덤 오브 더 시'(Freedom of the Seas)호의 동북아 투입을 검토 중이다.

코스타도 11만 4,000톤급 자사 보유 최대 크루즈선 투입을 검토하고 있다. 세계 최대 선사인 카니발(Carnival)과 MSC크루즈도 2014년

싱가포르의 복합리조트

구분	마리나 베이샌즈	리조트월드 센토사
개장일	2010년 4월(비즈니스형)	2010년 2월(가족형)
개발회사	라스베가스 샌드 (Las Vegas Sands)	젠팅 싱가포르 (Genting Singapore)
주요시설	55층 호텔, 스카이파크, 극장, 쇼핑몰, 카지노 뮤지엄	호텔(6개), 레스토랑, 명품관, 스파, 카지노, 유니버셜스튜디오 등

자료: 정부 관광진흥대책 보고 자료(2013년 7월)

동북아 진출을 고민하고 있는 것으로 알려졌다. 그렇다면 우리나라와 가까운 싱가포르와 중국, 일본은 어떻게 크루즈관광산업을 육성하고 있을까.

싱가포르는 터미널 인근에 2개의 복합리조트(IR)를 건설해 숙박, 관광, 위락 등 복합관과 여건을 제공해 연간 100만 명이 이용하고 있다. 크루즈를 비롯한 관광산업 육성을 위해 대국민 의견을 수렴하고, 핵심 콘텐츠로 카지노를 허용함으로써 대규모 외자유치를 하고 있다. 또 'Tourism 2015' 비전 아래 1,000만 달러 발전기금 조성과 연계교통망 확충, 마케팅 지원을 하고 있다.

급속한 성장을 하고 있는 중국은 경제 발전과 함께 올림픽, 엑스포 유치 등으로 자국을 방문하는 관광객이 증가할 것을 대비해 일찍부터 크루즈관광산업 육성정책을 마련했다. 이 정책은 중국 국가발전위원회에서 담당하고 있다. 중국은 크루즈관광산업 육성을 위해 4대 목표를 세웠다. 4대 목표는 국제 크루즈 기항 유치, 크루즈 국제 네트워크 구축, 크루즈 선박 제조능력 육성, 크루즈시장 육성시스템이다. 정부 산하 중국 크루즈&요트산업협회(China Cruise&Yacht Industry Association)를 설립해 정부, 산업계, 학계가 함께 크루즈 관광 육성 방안을 논의하고 있다.

이러한 노력으로 중국은 홍콩, 상해, 텐진항 위주로 이용객이 급증하고 있다. 2010년 기준 223척이 46만 명의 승객을 실어 날랐다. 2013년 5월에는 최초로 국적 크루즈선인 5만 톤급 헤나(Henna)호가 취항하기도 했다. 일본은 크루즈관광이 관광산업의 블루오션임을 인식하고 1970년대부터 크루즈관광을 시작했다. 사치스러움, 배멀미, 장기간여행 등 크루즈관광이 안고 있는 부정적 인식을 없애고 대중화하는 노력도 이어졌다. 1998년에는 크루즈사업 진흥 대책을 내놓기도 했다. 이 대책은 태풍을 고려한 크루즈 상품 개발로 운항 스케줄의 다양화, 크루즈 활성화를 위한 간담회 조직 확대, 경쟁력 있는 관광 상품 개발을 통한 신규 고객 확보, 크루즈관광에 대한 긍정적 이미지 확산을 통한 대중화 유도 등을 포함하고 있다.

사실 아시아지역 관광산업 성장은 중국시장 변화와 밀접한 관계가 있다. 국제연합세계관광기구(UNWTO)보고서(2001년)에 따르면 2020년 중국 관광시장 규모는 외래객 유치 1억 3,000만 명, 중국인 국외 관광객 1억 명을 상회할 것으로 예측됐다. 따라서 크루즈 선사들은 과거에는 선박을 싱가포르와 홍콩 중심으로 동남아에 배치했으나

2000년 들어서는 동북아를 중시하는 배치 형태로 바꾸었다. 또 서구 대형 크루즈 선사들은 동북아에 크루즈 선박을 고정 배치해 동북아 크루즈관광의 주도권 잡기에 나서고 있다.

크루즈관광 본고장 북미는

북미 크루즈관광산업이 미국경제에 기여한 경제적 효과 총액은 400억 달러, 고용창출 35만 명 이상인 것으로 알려졌다. 이 같은 경제적 효과가 발생할 수 있는 이유는 전 세계 크루즈 선사들이 북미에 몰려 있고, 북미의 카리브해 연안과 알래스카가 대표적인 크루즈 관광 여행지로 유명하기 때문이다. 북미 크루즈관광은 1970년대 초반 카리브해지역을 기항지로 처음 시작됐다. 북미의 크루즈관광은 지역적으로 카리브해와 알래스카연안을 여행하는 형태가 대표적이다. 지난 10년간 하와이와 뉴욕도 크루즈관광지로 각광받고 있다. 관광객을 나라별로 구분하면 해외 여행객보다는 미국 여행객이 80% 정도를 차지하고 있다.

카리브해 크루즈관광의 출항지는 플로리다주 마이애미이다. 해양 레저와 관광을 즐길 수 있는 여건을 갖추고 있고, 수백여 개의 섬들로 구성돼 있다. 천혜의 자연 조건을 가졌다는 점에서는 우리나라 남해안과 비슷하다. 카리브해 서부지역은 북미 크루즈 관광객이 가장 선호하는 관광지로 카니발 크루즈 선사의 경우 10일 이하 단기 여행상품이 주력 상품이다. 카리브해 관광의 특징은 고객이 원하는 여행이 가능하도록 세분화된 마케팅 전략을 구사하고 있다는 점이다.

알래스카 크루즈관광 활성화는 환경에 대한 관심 때문이다. 먹고 즐기는 관광보다는 고래, 북극곰 등 북극의 생태계를 체험하고 자연경관을 감상하는 것이 주된 목적이다. 주요 기항지로는 시애틀, 벤쿠버, 샌프란시스코 등이 있다. 크루즈가 운항하는 기간은 여름에 해당하는 5~9월이다. 연령층별로는 청년보다 노령층이 많다. 최근 아시아에서도 크루즈 관광시장이 급격히 상승하는 추세에 있으나 그 비중은 전체 크루즈관광의 10%에도 못 미치는 수준이다. 따라서 세계 크루즈관광을 주도하고 있는 북미 크루즈관광의 특징은 한국은 물론 동북아 각국에 시사하는 바가 크다. 크루즈 업계는 앞으로 북미와 유럽 크루즈관광이 주춤해지면서 아시아 시장이 활성화될 것으로 전망하고 있다.

한국도 북미 크루즈관광산업이 겪었던 시행착오, 예를 들면 크루즈관광에 대한 만족도, 재정상태, 시간 부족 같은 '레저활동과 관련된 다양한 구속(Leisure Constrain)' 등을 반면교사로 삼아 대안을 만들고, 법과 제도적 정비를 잘 이룬다면 크루즈관광의 틈새시장에서 활로를 찾는 데 큰 도움이 될 것으로 전망된다.

에어크루즈 모항 모범사례: 마이애미

"크루즈항의 성공은 공항에 달려있다." 세계 크루즈관광의 수도로 불리는 미국 마이애미는 치열한 크루즈 중심항 경쟁에서 공항의 중요성을 가장 잘 보여주고 있다. 다양한 항공스케줄과 항공 승객을 신속하고 효율적으로 운송할 수 있는 공항으로 마이애미는 카리브해 중심항이 됐다. 마이애미에는 14개의 크루즈선 전용 부두와 2개의 대형 크루즈 터미널이 들어서 있다. 인근에 국제공항도 2개나 된다. 출입국 서비스도 편리해 로얄캐리비안 등 글로벌 크루즈 기업이 마이애미를 모항으로 이용하고 있다. 마이매미 인근 시내와 에버글레이즈 등 주변 지역을 연계한 복합 관광 여건도 조성돼 사시사철 관광객이 끊이지 않는다.

마이애미는 연간 433만 명의 관광객이 방문하며 마이애미시 경제 근간으로 17만 개 일자리와 20조 원의 경제효과를 창출하고 있다. 국제공항의 경우 마이애미항에서 마이애미 국제공항(Miami International Airport)까지 거리는 직선거리 기준 10km다. 또 다른 국제공항인 포트 로더데일-헐리우드 국제공항(Fort Lauderdale-Hollywood International Airport)까지는

32km다.

　마이애미 국제공항은 연간 3,500만 명의 승객을 실어 나르는 세계에서 가장 분주한 공항이다. 2000년 발간된 국제연합무역개발협회(UNCTAD) 학술논문 〈크루즈항의 경제 효과: 마이애미의 경우(The economic impact of cruise ports:The case of Miami)〉에 따르면 마이애미크루즈 고객의 80%는 마이애미공항을 통해서 입국한다. 공항과 항만의 높은 접근성 때문이다. 전문가들은 마이애미와 비슷한 개념의 에어크루즈 모항을 유치하기 위해서는 5가지가 전제돼야 한다고 조언한다. 그중에서도 효율적이고 최신식 공항은 에어크루즈 모항 유치를 위해 반드시 필요한 조건이 되고 있다.

대한민국 크루즈관광 활성화 대책

크루즈관광 활성화를 위해 세계 각국이 정부 차원에서 지원을 강화하면서 우리 정부도 관련 대책을 내놓고 있다. 정부는 크루즈관광 활성화 목표로 2020년 연간 200만 명 크루즈 관광객 유치와 3만 명 이상의 일자리를 창출하기 위해 시동을 걸었다. 우선 크루즈 시설을 2013년 3개 선석에서 2020년에는 12개 선석으로 확대하기로 했다. 2014~2015년 부산, 인천, 제주 등 주요 항만에 10만 톤급 이상 크루즈 전용부두 4개 선석을 건설해 현재보다 2배 이상 수용 능력을 확대한다는 계획이다.

부산의 경우 크루즈선 대형화 추세 등을 감안해 동삼동의 8만 톤급 전용터미널을 20만 톤급 이상 접안 가능하도록 확정하는 방안을 검토하고 있다. 제주에서는 강정항 확장 이전에 대형 크루즈 접안을 위해 외항 예비선석을 크루즈 접안부두로 활용하기로 했다. 마케팅 강화에도 나선다. 기항지를 결정하는 주요 선사와 전담 여행사, 전문매체 관계자 등을 대상으로 투자와 관광 설명회를 실시하고, 중국과 일본 등 크루즈 운항 노선의 주요국을 대상으로 우리나라 크루즈관광 이미지 광고도 실시한다. 일정 기간 이상 정기적으로 기항하거나, 일정 규모 이상 기항하는 외국적 선사에 보조금을 지급하고 항만사용료를 감면해주는 등 인센티브 지급 방안도 고려하고 있다.

선택과 집중을 통한 모항 육성도 정부 방침이다. 우선 권역별로 특화 전략을 마련했다. 수도권은 인천공항을 활용해 중국 관광객을 타깃으로 삼고, 부산권은 부산 북항 재개발과 연계한 통합서비스 제공으로 일본 관광객 유치에 나서게 된다. 전남권은 도서와 연안 크루즈관광의 중심지로 만들고, 제주권은 제주의 자연관광 자원을 활용한 프로그램 개발에 나선다.

모항을 전략적으로 육성하는 방안도 추진된다. 모항에 필요한 요건인 항만서비스, 육상 연계 관광자원, 자체수요 등을 확보하기 위해 부두 등 접안시설을 확충하고, 크루즈 전문 인력을 양성하기로 했다. KTX와 고속도로 등 육상 운송을 연계하고, 거점 공항을 마련해 국제 교통망도 구축한다. 기항지 관광 프로그램과 랜드마크 개발에도 적극 나서기로 했다. 적정 규모 이상 크루즈에 대해서는 선상 카지노 도입이 추진된다. 우리나라 대학에 크루즈관광 관련 학과 개설이 전무한 가운데 크루즈 승무원 같은 전문 인력 양성도 현실화된다. 정부는 대학과 연계한 크루즈 승무원 전문 교육 프로그램을 개발하고, 학과 신설과 선상 체험교육 등을 통해 취업을 촉진하기로 했다. 크루즈 승무원들의 출입국 규제도 점차 해제될 전망이다.

정부는 이 같은 내용의 대책 추진을 위해 정부부처, 지자체, 공공기관, 업계, 전문가 집단이 참여하는 협의체를 구성하기로 했다. 관계 기관 합동으로 연 2회 정기회의를 개최하고, 중요한 안건은 국무조정실 조정회의에 상정하게 된다. 또 크루즈 유치 지원, 출입국 규제 완화, 전문 인력 양성 등을 위한 '크루즈 산업 육성 지원 법률' 제정도 추진할 방침이다. 이 대책이 현실화되면 2015년 연간 100만 명의 크루즈 관광객이 찾아 직접소비 5,000억 원, 간접효과를 포함하면 1조 원 이상의 경제 효과가 창출될 것으로 기대하고 있다. 고용창출도 기대되는 부분이다. 조선, 해운, 유통, 관광 등 연관 산업 발전으로 3만 명 이상의 일자리 창출 효과가 나타나는 것으로 분석했다.

부산지역 해양 전문가들은 "정부가 뒤늦게나마 크루즈 관광산업 활성화에 나서는 것은 다행스러운 일"이라며 "사업의 집중화를 통해 모항을 건설하고, 대학에서 전문적인 크루즈 인재를 양성해야 할 것"이라고 지적했다.

크루즈관광 에어크루즈 모항 부각

크루즈 관광산업은 이제 기항에서 모항으로 무게중심이 옮겨가고 있다. 크루즈모항은 기항과 비교할 수 없는 경제적 효과가 있기 때문이다. 이 때문에 세계 각국 항만도시는 모항으로 체질을 개선하기 위해 노력하고 있다.

지중해 항만의 경우 기항지 터미널 이용료는 2.5유로인 반면 모항지에서는 9유로로 3배가 넘는다. 모항지에서는 승객의 승하선 절차가 복잡하고 수화물의 선적과 하역이 발생하기 때문이다. 선박의 체항시간도 길어지기 때문에 항만당국의 수입도 증가한다. 관광객 소비도 기항지보다는 모항지가 많다. 일반적으로 모항에서 관광객은 기항보다 4~5배의 돈을 쓴다는 조사 결과도 있다.

모항인 캐나다 밴쿠버항과 기항인 빅토리아항을 비교해 보자. 2008년 기준 밴쿠버항을 경유한 승객은 85만 4,000명인 반면 빅토리아항은 37만 9,000명이다. 승객이 1회 입국할 때 비용은 밴쿠버가 243달러, 빅토리아항은 57달러로 큰 차이를 보인다. 승객들이 모항에서 음식과 음료수를 사먹고 또 다른 소비를 하는 것을 감안하면 모항과 기항의 경제적 효과는 매우 차이가 크다.

우리나라의 경우 부산항을 모항으로 하겠다는 선사가 일부 나오고 있으나 국적 크루즈 선사는 전무한 실정이다. 크루즈선박 건조, 터미널 조성에 대한 정부 지원 확대, 크루즈 관련 법 통합 정비 등도 다른 국가에 비해 열악한 실정이다. 지금 모항화에 나선다 해도 이미 크루즈 모항화에 나서고 있는 중국, 일본과의 경쟁력에서 앞서나가기는 힘들 것으로 보인다.

지난 2013년 11월 매일경제가 개최한 제22차 국민보고대회에서 제기된 '에어크루즈 모항'은 모항에서 한 단계 발전한 개념이다. 쉽게 말해 항공기를 타고 특정 국가에 도착해 인근 크루즈항에서 크루즈를 타고 관광을 한 뒤 항공기를 타고 돌아가는 것이다. 동북아시아에서는 생소한 개념이지만 미국과 유럽에서는 떠오르는 크루즈관광 활성화 대책으로 주목받고 있다.

에어크루즈 모항은 공항과 크루즈의 접근성을 극대화한 모델이다.

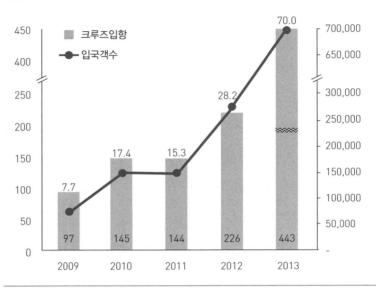

국내 크루즈 현황 [단위 : 회, 만 명]

크루즈입항
입국객수

출처: 해양수산부

이 모델은 단순히 고객만을 위한 것이 아니다. 동아시아 최초의 에어크루즈 모항은 대한민국의 랜드마크가 될 것이며, 자연스럽게 경쟁 모항과 차별화가 가능하다. 노력하지 않아도 마케팅 효과를 볼 수 있다. 모항의 성공적 유치를 통해 우리나라의 국부 창출, 일자리 증대 나아가 국토 균형 발전까지 이어질 수 있다.

그렇다면 우리나라에서 에어크루즈 모항의 가능성은 어느 정도일까. 우선 수요적인 측면을 살펴보자. 해양수산부 등 정부 관계부처 자료에 따르면 국내 크루즈관광객 유치 규모는 2008년 88편 입항, 6만

190

9,000명 입국을 시작으로 해마다 증가해 2012년에는 226편 입항, 28만 2,000여 명이 입국한 것으로 집계됐다. 2013년에는 443편 입항에 72만 명이 입국한 것으로 추정되는 등 매년 급증해 수요 측면에서는 가능성이 충분하다.

경제적인 측면에서 에어크루즈 모항은 일반 모항과 비교했을 때 부가가치 효과 차이가 8.5배에 달하는 것으로 알려졌다. 홍대순 ADL 코리아 부회장은 국민보고대회에서 "크루즈 모항이 되면 관광·쇼핑은 물론 숙박, 생필품·식자재 공급, 급유·선박수리라는 연관효과까지 모두 얻을 수 있어 경제적 파급 효과가 매우 크다"고 주장했다.

부산에 세계 최초로 에어크루즈 모항이 건설되고, 인근 여수와 목포 등에 기항을 만든다면 남해안권을 중심으로 5조 원의 국부 증대와 3만 개의 일자리 창출 효과도 예상했다. 구체적인 타당성 분석이 있어야 하겠지만 경제적인 면에서도 매력적이다.

우리나라에 에어크루즈 모항이 들어선다면 현재로서는 인천이 가장 가능성이 높다. 인천은 2012년 5척의 크루즈선박이 7회 입항했고, 여객 수는 2,748명으로 전년대비 90.9% 감소해 부산항과 큰 차이를 보이지만 에어크루즈 모항의 핵심 요건인 공항(인천공항)을 갖고 있다. 2014년 크루즈 전용 부두와 전용터미널이 완공되면 입항횟수와 입국객수가 대폭 증가할 전망이다.

하지만 인천은 인천공항만을 강점으로 갖고 있을 뿐이다. 인천항은 조수간만의 차가 커 대형 크루즈선박의 입출항이 제약을 받을 가능성이 높고, 지정학적 위치로도 부산보다 불리하다는 게 해양 전문가들의 일반적인 의견이다.

부산은 조수간만의 차이가 적어 부두만 있으면 24시간 어느 때라도 선박이 부두에 정박할 수 있지만 인천항의 경우 밀물과 썰물의 차이 때문에 물때를 못 맞추게 되면 자칫 바다 위에서 하루 정도 머물러야 할 상황도 생기게 된다. 지정학적 위치에 있어서도 인천은 서해안에 갇혀 있지만 부산은 태평양으로 열려 있어 일본, 중국, 러시아 등 동북아 각국과 접근성이 높다.

문제는 공항이다. 에어크루즈 모항 시스템이 정착되기 위해서는 공항과 항만의 연계가 필수적이다. 부산은 에어크루즈 모항의 최적지로 손꼽히고 있으나 결정적으로 24시간 운영되고, 대규모 관광객과 물류를 처리할 수 있는 공항이 없는 실정이다. 동남권 신공항 건설 차원에서 부산 인근에 국제 규모의 공항을 만들자는 움직임이 있었으나 정치적 이해관계와 경제적 타당성 부족으로 현재 보류된 상황이다. 크루즈 관광이라는 신사업 개척과 국부 창출 기회가 정치적 논리 때문에 사라질 위기에 처하게 된 것이다.

최도석 부산발전연구원 선임연구원은 "에어크루즈 모항이라는 개념이 낯설기는 하지만 국제 크루즈항은 24시간 운영되는 공항과 연계하고 있는 경우가 많다"며 "일본이나 영국 등 멀티 허브공항 체제를 유지하고 있는 국가를 면밀히 살펴볼 필요가 있다"고 말했다.

크루즈관광의 효과

　세계 크루즈 시장은 2012년 관광객 2,014만 명, 직접 소비액 362억 달러 수준이다. 2000년부터 2012년까지 연평균 10.3% 성장했다. 이는 같은 기간 관광산업 평균 성장률 4%의 2배 이상이다. 이 같은 성장세는 앞으로도 지속될 것으로 예상된다.

　지역별로는 미국(55%)과 유럽(33%)이 크루즈관광 시장을 주도하고 있으나 최근 아시아 지역이 빠르게 성장하고 있다. 2005년 80만 명에 불과했던 아시아 크루즈 관광객은 2020년 700만 명으로 증가할 것으로 예측된다.

　전 세계 크루즈선박은 모두 377척이다. 이 가운데 카니발, 로열캐리비언, 스타크루즈, MSC 등 메이저 4개사가 전체 선박의 45.1%(174척), 수용능력 기준 86%의 시장을 점유하면서 과점 체제를 형성하고 있는 상황이다.

　크루즈관광산업의 직간접적 효과는 어떻게 될까. 크루즈관광산업의 경제적 효과는 크루즈선사의 경영을 통한 경제활동 효과와 선박기항 시 발생하는 지출로 구분된다.

　2009년 크루즈선사국제협의회(CLIA: Cruise Lines International Association)의 보고에 따르면 2008년 크루즈산업이 미국경제에 미친 경제편익은 약 400억 달러, 35만 7,000여 개이 일자리 창출 효과, 미국 상품과 서비스에 대한 직접 구매가 190억 달러인 것으로 나타났다.

크루즈관광은 일반 여행상품처럼 목적지에 머무르는 것이 아니라 기항하는 형태가 많기 때문에 모항이 아닌 경우 직접 지출에 의한 경제적 효과가 그리 높지 않은 것으로 평가된다.

미국 최대 크루즈관광지인 마이애미는 1970년대 크루즈 붐이 형성되면서 항만시설과 도시의 사회인프라가 구축됐다. 호텔과 테마파크 등 투자가 집중되면서 지금까지 크루즈산업의 영향을 받고 있다.

우리 정부는 크루즈산업을 해운·항공·조선·유통 등 관련 산업에 연쇄효과를 미치는 고부가가치 산업으로 보고 있다. 3만 톤급 국적 크루즈선 1척 투입 시 경제효과는 902억 원, 고용은 968명이 창출되는 것으로 분석된다. 크루즈선 14만 톤급 1척을 건조할 때 투입되는 건설기자재는 아파트 1,200가구, 20층 15동을 지을 때와 비슷하다.

세계보건환경기구(WTO)는 크루즈관광을 21세기 최고의 관광상품으로 선정했다. 2012년 우리나라를 기항한 관광객 28만 명의 직접 지출액은 1,300억 원 수준이다. 이들이 1인당 쓴 돈은 512달러로 일반 관광객들이 쓰는 돈의 2배에 달한다.

초대형 항만 도시군을
구축하라

세계적인 도시는 강과 바다를 기반으로 성장

'메트로폴리스'가 대도시를 뜻한다면, '메갈로폴리스'는 대도시와 대도시들을 잇는 거대 도시권을 일컫는다. '원조'는 미국 북동부의 '보스턴-뉴욕-필라델피아-볼티모어-워싱턴 D.C.-노퍽'에 이르는 970km의 해안선. 뉴욕을 중심으로 대도시들이 하나의 유기체가 되면서 창조적인 인재들과 기업들이 몰려 미국 경제의 급성장을 주도했다.

일본과 중국도 마찬가지다. 일본 도쿄와 고배, 중국 상하이 중심의 장강지역이 메갈로폴리스로 변신하고 있다.

김석철 명지대 석좌교수는 초대형 항만도시군 구축, 즉 '메갈로 포트 폴리스'를 제안하면서 여러 가지 근거를 제시했다. 김 교수의 말을 들어보자.

"역사적으로 유서 깊은 대부분의 도시들은 강과 바다에 세워졌다. 자립적이면서 비자립적인 것이 도시이기 때문에 가장 유력하고 경제적인 인프라인 강과 바다를 인접하게 마련이다. 강과 바다를 통해 다른 도시와 연결된 도시들이 대도시권을 형성하였다.

고구려가 발해만을 잃고 한강과 서해를 장악했던 백제가 금강 유역의 부여·공주 등 내륙에 머물 때, 낙동강을 중심으로 한 신라가 낙동강 일대와 남해와 서해를 이어 해상과 강안이 연계된 도시국가를 이루었기 때문에 삼국을 통일했다.

고려는 강과 바다를 잇는 도시체계를 계속 유지하였으나 조선시대에 들어와 도시발달이 도로를 중심으로 한 내륙에서 이루어져 강과 바다를 통한 도시연대가 이뤄지지 못했다.

미시시피강, 라인강, 템즈강, 센강변의 도시들은 강을 중심으로 어반링크를 이루고 있다. 강을 중심으로 한 도시들의 어반링크는 최소의 비용으로 자연스럽게 도시들을 한 경제공동체로 묶는 역할을 하면서 도시들 간의 완충역할을 겸한 천혜의 도로였다.

해안도시 역시 마찬가지이다. 미국의 동부해안, 지중해연안, 북해연안, 중국 동부해안 모두 해안을 따라 도시들이 연합하여 대도시경제권을 이루어왔다. 강변도시군과 해안도시군 중 강과 바다를 합한 뉴욕과 런던과 도쿄가 세계도시가 된 것은 강변도시와 해안도시가 도시연합을 이루었기 때문이다."

김 교수는 세계적인 도시들은 대부분 큰 도시를 중심으로 해안이나 강을 통해 도시연합을 이루면서 시너지 효과를 극대화시켰다고 말했다.

부산을 중심으로 동남해안권을 엮어라

우리나라는 부산을 중심으로 한 동남해안권을 주목해야한다. '포항-울산-부산-김해-창원-거제-사천-광양-여수-목포'까지 약 400km의 해안과 도시의 특성을 엮어야 한다.

부산은 물류관광 김해는 문화·예술, 울산은 자동차·조선·에너지, 창원은 기계·자동차부품, 거제는 조선·해양플랜트, 사천은 항공, 광양·여수는 석유·항만, 목포는 해양수산 등이 각각 발달했으며, 산업이 중복되지도 않는다.

하지만 도시 간, 산업 간 연계성이 부족해 시너지 효과가 나지 않는 상황이다. 부산 등 이들 10개 지역을 모두 합한 인구는 1,000만 명에 육박하고 지역내총생산(GRDP)는 230조 원을 넘어선다.

매일경제가 2013년 11월 제22차 국민보고대회에서 발표한 해양강국코리아 프로젝트에서는 물론 2013년 3월 21차 국민보고대회에서 제시한 도시전략 프로젝트에서도 부산을 중심으로 한 동남해안의 메

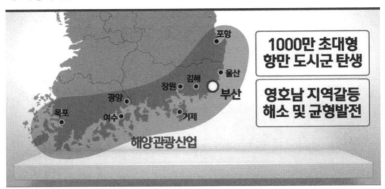

갈로폴리스를 주목해야 한다고 강조했다.

주수현 부산발전연구원 경제산업실장은 "부산이 중심도시 기능을 하면 그 주변도시들이 긴밀히 연결되고 서로 역할 분담을 하는 광역화가 이뤄져야 한다"며 부산을 중심으로 한 동남해안권 해안도시의 초대형 항만도심군 구축의 중요성을 말했다.

김석철 명지대 석좌교수도 부산을 중심으로 한 동남해안권의 링크를 통해 제2의 경제폭발을 일으킬 수 있다고 말한다.

김 교수는 "부산에서 진주에 이르는 낙동강과 남해에서 부산을 중심으로 울산에 이르는 남해안 일대에만 인구 700만의 거대도시권역이나 해안도시는 나름 경제성장을 이루고 있는 데 비해 강변도시들은 낙후를 면하지 못하고 있다. 낙동강을 운하화 해 낙동강 도시경제공동

198

체를 이루고 해안도시들과 도시연합을 이루게 하면, 한반도의 수도권과 경쟁할만한 제2의 경제폭발을 이룰 수 있다"고 밝혔다.

부산을 낙동강변 도시와 남해안 해안도시를 하나의 경제권역으로 묶어 세계경제권역의 흐름에 닿게 하는 도시연합의 중심도시가 되게 하는 것이 비결이라는 것이다.

초대형 항만도시군이 가져올 변화

부산을 중심으로 동남해안권 해양도시들이 연대해 초대형 항만도시군을 구축한다면 대한민국의 핵심산업은 물론 관광분야에서도 엄청난 시너지를 발휘할 것으로 전망된다.

위에서 언급한 포항과 울산의 주력산업인 철강·조선·석유화학·자동차 산업과 창원 거제의 조선기계·플랜트가 연계되고, 여수의 석유·화학과 목포의 해양바이오·농수산식품이 조합한다면 제2의 경제폭발을 일으킬 수 있다.

이를 위해선 도시와 도시를 연결하는 교통인프라 구축이 우선돼야 한다. 현재 진행중인 '포항-울산-부산-마산-여수'를 잇는 동해남부선 복선화 사업과 경전선 직복선화사업이 조기 추진돼야 한다.

또 '포항-경주(감포)-울산-부산-마산-통영-여수'를 연계하는 동남권 고속도로 건설, '포항-울산-부산-거제-고성-남해-광양' 등을 잇는 조선

항만도시군이 가져올 변화

산업 연계벨트화로 조선기자재 산업의 연관효과를 극대화해야 한다.

앞에서 언급한 '포항-경주(감포)-울산-부산-마산-통영-여수'를 연계하는 연안 크루즈 관광산업을 활성화하고 일본 큐슈지방과 연계해 크루즈 효과를 동남해안으로 끌어와야 한다.

크루즈산업의 경우 부산에 모항을 건설하고 여수·목포 등 동남해안도시에 기항을 만든다면 주변 도시까지 그 효과를 누릴 수 있다.

동남해안권의 초대형 항만도시군 구축은 지난 2007년부터 추진됐으나 예산 등의 이유로 더디게 진행되고 있다. 바로 '남해안 선벨트(Sun-Belt)' 사업이다.

이 사업은 남해안권을 수도권에 버금가는 새로운 발전축으로 조성하고 동북아 관광거점을 만드는 것이 핵심이다.

남해안 선벨트 사업은 지난 2007년 동·서·남해안권 발전특별법 제정에 이어 2010년 '남해안발전종합계획'으로 확정돼 2020년까지 9조 8,000억 원을 들여 84개 사업이 계획돼있다.

이번 사업은 지난 2010년부터 시범사업에 착수하면서 특별법 제정 3년 만에 겨우 시범사업이 일부 완료되는 실정이다.

지난 2010년부터 착수한 시범사업은 남해 서상항 기반시설 정비사업(25억 원)과 해안경관 조망벨트 조성사업 4개(22억 4,000만 원), 섬진강 100리 테마로드 조성사업(100억 원), 구노량 해안마을 미관개선사업(42억 원)이 있다. 구노량 해안마을 미관개선사업을 2014년 마무리하는 것으로 시범사업은 완료된다.

2014년 신규 사업은 남해 다이어트 보물섬 조성사업(236억 원)과 함께 계속 사업으로 거제 지세포 해양레포츠 타운 조성사업(424억 원), 구노량 해안마을 미관개선사업(42억 원) 등이 본격 착수될 것으로 보인다.

동남해안권 초대형 도심항만군 구축은 영호남 지역갈등 해소에도 기여할 것으로 전망된다. 이미 현재 경남과 전남의 인접한 기초단체들은 서로 연대해 새로운 국책사업을 추진하고 있다.

박근혜 정부의 국정과제인 '동·서 통합지대 조성'이다. 경남 하동군과 전남 광양시 등 영호남 지자체들은 섬진강 양안 일대에 동서화합과 남부경제권 성장 거점 육성으로 남해안 지역이 함께 발전할 수 있도록 노력 중이다.

현재 국토교통부에서 동서통합지대 조성 기본구상 수립 연구용역을 추진 중이며 경남도와 전남도는 2014년부터 사업을 우선 착수할 수 있도록 상징성 있는 사업인 동서통합교량 건설(430억 원)과 동서화합 문화·예술·스포츠 교류협력(94억 원), 섬진강 뱃길 복원 및 수상레포츠 건설(198억 원) 등을 적극 추진하고 있다.

동남해안 초대형 도심군이 현재 구축됐다고 가정할 경우 지난 2011년 남해안 지역의 1인당 GRDP(2만 4,000달러)가 오는 2020년까지 3만 5,000달러를 넘어설 것으로 ADL은 분석했다.

김석철
명지대 석좌교수

◀: Q. 부산 물류시장도시 선언문의 배경과 의미는?

◀: A. 부산은 지정학적 위치나 현재 세계물류의 흐름으로 보아 최강의 국제시장이 될 입지를 점하고 있는데도 불구하고 개항 이후 지금까지 물류시장으로만 성장해왔다. 일본의 식민정책으로 인해 중간항 역할만을 한 것이 큰 이유였으나 해방 이후 지금까지도 마찬가지다. 이제는 물류시장의 역할만 하는 항만보다 더 큰 경제활동을 다루는 '시장도시'로의 획기적인 도약이 필요하다.

부산은 항만 주위의 땅이 지나치게 비싸고 일대가 개발제한구역으로 묶여있기 때문에 토지가 부족하다. 세계적 항만이 되기 위해서는 항만뿐 아니라 도시화 토지가 절대적으로 필요하다. 부산과 같은 물동량을 취급하면서도 5배 이상의 부가가치를 올리고 있는 롯텔담의 경우 부산과 비교가 되지 않는 배후단지가 있다.

◀: Q. 부산 물류시장도시 선언을 실천하기 위해 정부와 부산시가 우

선적으로 실천해야 하는 것이 무엇인가?

🔊 A. 부산이 물류시장도시로 거듭나기 위해서는 당장 구체적인 마스터플랜이 필요하다. 중장기 계획에 앞서 당장 실현할 수 있는 마스터플랜을 세우는 것이 한시가 급하다. 부산시민 모두가 알고 공감할 수 있는 마스터플랜이여야 한다.

🔊 Q. 세계 유수의 도시들이 경쟁을 벌이고 있다. 그러나 대한민국은 아직 도시 경쟁력을 강화하기 위한 준비가 돼 있지 않다. 대한민국 도시 경쟁력을 강화하기 위해서는 어떤 방안이 있는가?

🔊 A. 부산의 경우 해안을 따라서 포항-울산-부산-진해-거제-여수로 이어지는 거대한 해안도시군을 형성하고 있다. 또한 낙동강을 따라 경상북도 공단으로 올라가는 거대한 흐름이 있다. 이러한 어반링크를 다루는 메가 인더스트리얼 플랜이 있어야 한다.

🔊 Q. 서울은 메가시티로 부산은 메갈로폴리스로 개발해야 한다는 투트랙 전략을 제안한 바 있다. 투트랙 전략을 해야 하는 이유는?

🔊 A. 도시가 핵을 중심으로 방사선형으로 뻗어가는 경우를 메가시티라 하고 도시들이 선형으로 연담화된 것을 메갈로폴리스라 한다. 따라서 당연히 서울은 메가시티 전략을, 부산의 경우에는 남부해안 도시들과 함께 메갈로폴리스 전략을 구상해야 한다. 부산이 서울이 갔던 길을 좇아서는 안 된다.

204

🔊 Q. 부산이 크루즈시티로 발전하기 위해서는 공항과 항만이 결합된 에어크루즈 모항을 만들어야 한다는 주장을 제기했다. 부산의 또 다른 발전 방향을 제시한다면?

🔊 A. 부산의 획기적인 도약을 위해서는 독창적이고 전무후무한 계획이 필요하다. 부산이 크루즈시티로서 세계에서 가장 위치가 좋다는 말은 확실하게 할 수 있다.

🔊 Q. 부산을 중심으로 한 동남해안권을 묶어 '메갈로 포트 폴리스'를 구성해야 한다고 제안했다. 메갈로 포트 폴리스의 장점과 현재 메갈로 포트 폴리스를 구축하기 위해 가장 시급한 해결과제는?

🔊 A. 육상물류와 해상물류는 흐름 자체가 다르고 기능이 중첩되지 않는다. 각기 다른 두 흐름을 연계하여 투 트래픽시티를 구상할 수 있다. 부산은 해상도시로서 갖는 바다의 길의 이점과 육상도시로서 해안을 따라 이어지는 선형도시의 강점을 적정한 접점으로 연계해야 한다.

원 아시아
오션 이니셔티브

매일경제는 제22차 국민보고대회에서 미래의 바다는 공존과 협력을 통한 평화의 바다가 돼야 함을 강조했다. 동아시아 각국이 바다에서 주도권을 잡기 위해 각축전을 벌이면서 갈등과 충돌을 하고 있는 가운데 공존은 동아시아 번영을 위해 지금부터 논의돼야 할 화두가 되고 있다.

매일경제는 공존을 위한 방안으로 '동북아 공동해양경제특구'를 제안했다. 동북아 전체를 경제특구로 묶어 소통과 교류를 강화한다면 경제적 번영과 국가 간 갈등이 완화될 것이라는 게 이 제안의 배경이다. 이 제안은 개별 국가의 발전을 위해 주요 현안에 대해 첨예하게 이해관계가 엇갈리고 있는 상황에서 추상적으로 들리는 면도 있다. 하지만 바다에서 공존의 해법을 찾아야 공멸을 막을 수 있다는 데 이의를 제기할 사람은 드물다.

문제는 추상적인 제안을 구체화하는 것이다. 이에 따라 동북아 공동 해양경제특구에 앞서 동북아 4개국 주요 해양도시와 이 도시의 자치 단체, 경제주체, 학계, 언론계 등 4개 주체가 참여하는 '4+4 오션그룹 협의체' 구성을 제안했다. 동북아 공동해양경제특구는 단계적으로 동 북아시아를 하나의 경제권으로 만들자는 개념이며, 이미 우리나라와 일본 등 동북아시와 국가 등은 경제협력을 통해 공동 경제권 형성에 대한 논의를 시작한 상태이다.

지금의 바다는

센카쿠열도(중국명 댜오위다오)를 둘러싼 중국과 일본 간 마찰이 2013년 11월 중국의 방공식별구역(CADIZ) 선포와 함께 미국과 중국 간 갈등으로 이어지고 덩달아 한국까지 대립 구도에 휘말려 들어가고 있다. 중국은 방공식별구역에 이어도를 포함시킨 상황이다.

우리 정부도 강하게 대응했다. 정부는 2013년 12월 제주도 남단의 한국 방공식별구역(KADIZ)을 이어도 남쪽 236km까지 뻗어있는 비행정보구역(FIR)과 일치시키고, 일본 방공식별구역(JADIZ) 안에 있는 마라도와 홍도(거제도 남단 무인도)도 포함하는 새로운 방공식별구역을 선포했다.

KADIZ가 확대된 것은 1951년 3월 미 태평양 공군이 설정한 이래 62년 만이다. 당시 미국은 중국을 감안해 중국 산둥반도와 옹진반도의 중간선을 택했고, 남쪽은 일본 패망으로 미국이 관리하고 있었기 때문에 제주에 대한 방위만을 고려했다. 이어도가 KADIZ에서 빠지게 된 이유다. 우리 정부는 1963~1979년 5차례에 걸쳐 이어도를 KADIZ에 포함해달라고 요청했으나 미국은 번번이 거절했다.

KADIZ를 선포하면서 국방부 관계자는 "인근 관련국들에 사전 설명을 충분히 했으며 관련국들이 대체로 국제 규범에 부합되고 과도한 조치가 아니라는 점에 대해 공감했다"고 말했다.

하지만 중국은 즉각 유감을 표시했다. 중국은 우리 정부 발표 이튿날 첫 공식반응으로 유감의 뜻을 밝혔다. 홍레이(洪磊) 중국 외교부 대변인은 "중국은 한국의 방공식별구역 확대 방침에 유감을 표시한다"며 "한국이 타당하고 신중하게 유관 문제를 처리해야 한다고 요구했다"고 밝혔다.

방공식별구역은 영공의 방위를 위해 영공 외곽 공해 상공에 설정한 공중 구역이다. 자국 공군이 국가 안보를 위해 일방적으로 설정해 선포한다. 영공이 아니기 때문에 외국 군용기의 무단 비행이 금지되지는 않는다. 다만 자국 안보에 위협이 되면 퇴각을 요청하거나 격추할 수 있다. 2013년 현재 20여 개국이 방공식별구역을 설정하고 있으며, 러시아, 조선민주주의인민공화국 등은 방공식별구역을 인정하지 않고 있다.

방공 식별 구역은 미국이 제2차 세계대전 당시 1940년 해안가로부터 적의 공습을 방어하기 위해 일방적으로 선포했다. 특히 1941년 진주만 공습이 큰 계기가 됐다. 당시 대공 레이더를 해안가에 설치한 기술적으로 진보된 나라가 미국 등 몇 개국 외에는 없었다. 해당국 공군이 방공식별구역을 일방적으로 선포할 수 있는 국제법적 권한을 특별히 명시한 국제법 규정은 존재하지 않지만 한 국가가 방공구역을 선포하면 다른 나라들이 인정하고 있다는 점에서 국제관습법으로 굳어지고 있다는 분석도 나오고 있다.

동북아에서 일본과 보조를 맞추고 있는 미국은 중국의 방공식별구역 설정을 즉각적으로 견제하고 나섰다. 미국은 중국의 방공식별구역 선포로 군사적 긴장감이 높아졌던 2013년 12월 5일 남중국해에서 중국 군함과 충돌 직전까지 가는 상황을 연출했다. 남중국해 공해상에서 작전을 수행하던 해군 순양함 카우펜스호와 중국 항공모함 랴오닝호 함단에 소속된 군함이 450m 되는 지점까지 근접한 것이다. 양국 군함의 충돌까지 우려되는 상황은 카우펜스호가 방향을 돌리면서 일단락됐다. 하지만 이 사건은 남중국해 지배권을 두고 양대 강국이 언제든 충돌할 수 있는 가능성을 상징적으로 보여준 사례로 분석된다. 남중국해는 아시아 주요 석유 수송로가 지나는 곳으로 군사적 관심이 집중돼 있어 미국과 중국이 사사건건 대립하고 있다.

러시아의 경우 중국의 방공식별구역 선포에 별다른 반응을 보이지 않았으나 우리 정부의 발표에는 민감하게 반응하고 있다. 러시아는 KADIZ 확대 선포에 공식 입장을 밝히지는 않았으나 큰 관심을 보였다. 러시아 하원 국제문제위원장 알렉세이 푸슈코프는 "중국·일본·한국 3각 지대에서 방공식별구역 확정 경쟁이 시작됐다. 이는 미국과 그 동맹국들이 중국과 신경전에 돌입한 것으로 위험한 경향"이라고 지적했다. 〈이타르타스통신〉은 중국의 방공식별구역 선포에 뒤이은 우리 정부의 결정이 동북아 긴장 수위를 고조시키고 있다고 지적했다.

중국과 센카쿠열도(중국명 댜오위다오)의 점유권을 두고 갈등을 벌이고 있는 일본은 중국의 CADIZ 선포에 강력하게 대응했다. 일본 정부는 "중국이 CADIZ를 철회하지 않으면 일본은 이를 전제로 중국과의 대화 재개를 고려하지 않을 것"이라고 밝혔다.

바다를 둘러싼 국가 간 갈등은 어제 오늘의 일이 아니다. 일본은 우리 영토인 독도 영유권을 주장하고 있고, 중국과 일본은 댜오위다오, 러시아와 일본은 쿠릴열도의 영유권을 두고 갈등을 빚고 있다. 갈등을 넘어서 군사적 충돌도 우려되는 상황이다. 독도 문제, 역사교과서, 일본 각료들의 잦은 망언 등으로 한·일 갈등의 골이 깊어진 상황에서 동북아 주도권 싸움은 한 치 앞을 내다볼 수 없는 혼돈의 바다로 이어지고 있다.

동북아 공동해양경제특구는 무엇인가

우리나라, 중국, 일본, 러시아가 참여하는 동북아 공동해양경제특구는 동북아 4개국이 마치 하나의 국가인 것처럼 교류와 협력을 추진해 교역을 활성화하고 해양 산업의 글로벌 경쟁력을 강화하는 중장기 전략이다.

공동해양경제특구란 기존의 해양경제특구와 경제자유지구를 합친 개념으로 그 범위를 우리나라를 포함한 동북아로 확장한 것이다. 공동해양경제특구가 만들어지면 특구 안의 해양 기업체들은 국가의 개념을 넘어 공동의 이익을 위해 교류·협력을 추진하게 될 것이고, 이것은 결과적으로 동북아의 해양산업의 리더십으로 돌아오게 될 것이다.

러시아 극동지역, 북한을 제외한 우리나라 수도권과 남해안, 중국 베이징과 동남해안, 일본 관서·관동지역이란 4대 축에 포함된 경제권은 인구 4억 명, 연간 총생산(국내총생산 기준) 3조 6,000억 달러에 달하는 거대 시장으로 경제특구로서 성장 잠재력이 높다.

이 제안은 추상적으로 들릴 수도 있으나 공존을 위한 협력은 오래전부터 논의가 돼 왔다. 2013년 세계지식포럼에서도 아시아 영토분쟁 해결을 위해 다자기구가 필요하다는 주장이 제기돼 주목을 받았다. 현재 동북아는 인터넷 확산과 국수주의 고조로 남중국해, 센카쿠열도(중국명 댜오위다오) 영유권 문제 등 영토 분쟁에 따른 긴장감이 갈수록 고조되고 있다. 세계지식포럼 연사들은 아시아 영토 분쟁 해결을 위한 다자간 협의기구를 만들어야 한다는 의견을 적극 피력했다. 크리스토퍼 힐 덴버대 조셉코벨국제대학장은 "남중국해 등 해양영토 분쟁을 해결하기 위한 동아시아 협의기구나 구조가 필요하다"고 강조했다. 협의기구 창설 전 단계로 '안전 보장에 대한 선언'부터 채택하는 것도 한 방법이라고 제안했다.

우리 정부가 2012년 제안한 동아시아 경제공동체 구축도 공동해양 경제특구와 일맥상통한다. 우리 정부는 2020년까지 동아시아 경제공동체를 구축하자고 제안했고, 박근혜 대통령은 2013년 아세안+3(한국·중국·일본) 회의에서 이 제안에 대한 후속조치가 원활하게 이뤄질 수 있도록 회원국들의 협조를 요청했다. 1997년 외환위기 발생 후 공동 대응 차원에서 태동한 아세안+3체제는 금융협력 부분 등 경제 분야에서 다양한 성과를 내고 있다.

일본도 비슷한 개념의 공동체 구성을 제안한 바 있다. 하토야마 유키오 전 일본 총리는 "동아시아공동체를 구상하는 것은 역사의 필연"이라고 강조했다. 하토야마 전 총리는 2011년 한중일 3국 협력사무국 출범 기념 학술대회 발제문을 통해 "한중일의 연계는 동아시아공동체를 구축하는 데 결정적으로 중요한 역할을 할 것이다. 우리는 동아시아 지역을 기본적인 생활공간으로 받아들여 이 지역에 안정된 경제협력과 안전보장의 틀을 만드는 노력을 계속해야 한다"고 밝혔다. 하토야마 전 총리의 동아시아공동체 구상은 야스쿠니신사 불참배 등 역사인식 문제와 엮여 관심을 끌었다.

하토야마 전 총리는 2010년 세계지식포럼에서도 "한중일 3국이 중심축이 되는 공동체 구축을 위해 각 분야에서 폭넓은 활동을 추진해 나가는 것이 아시아뿐 아니라 세계를 위해서도 중요한 일"이라며 아시아 공동체 구상을 밝혔다.

그중 하나는 캠퍼스 아시아다. 하토야마 전 총리는 "동아시아 공동체에서 핵심이 되는 한중일 3국 젊은이들이 활발히 교류할 수 있도록 하는 것이 중요하다"며 "이를 위해 '캠퍼스 아시아'라는 것을 구상하고 있는데, 한국의 서울대, 일본 도쿄대, 중국의 베이징대가 학점 취득을 교류할 수 있도록 만드는 것"이라고 말했다. 이어 "우선 3개 대학으로 시작해 점차 많은 대학이 참여하도록 유도하고, 더 많은 나라들이 협력해 나갈 수 있도록 해야 한다. 더 나아가 3국이 서로 협력해 하나의 대학을 만들고 3개국 학생들이 한곳에서 공부할 수 있도록 만들면 3국 관계가 더욱 돈독해질 수 있을 것"이라고 전망했다.

지난 2001년 10월 '아세안+3' 정상회의에서 동아시아 비전그룹 (East Asia Vision Group)이 건의한 동아시아 FTA도 공동 경제특구 중 하나이다. 동아시아 비전그룹은 2002년 동아시아 FTA 중장기 목표를 설정했고, 2009년에 들어서는 동아시아 FTA에 대한 공동연구 결과가 아세안+3 경제장관회의에 보고된 후 일부 진전된 결과를 도출하기도 했다.

하지만 아세안+3 차원의 FTA인 동아시아자유무역지대(EAFTA, East Asia FTA)를 선호하는 중국과 '아세안+6(한국·중국·일본·호주·뉴질랜드·인도)' 차원의 FTA인 동아시아 포괄적 경제동반자협정 (CEPEA, Comprehensive Economic Patership in East Asia)을 선호하는 일본 간의 입장 차이를 극복하지 못해 동아시아 차원의 FTA를 형성하기 위한 정부 차원의 논의는 본격화되지 못하고 있다.

동북아 공동해양경제특구 어떻게 만들어지나

동북아 공동해양경제특구는 4개국의 협력이 필요한 과제로 단기간에 이루기는 힘들다는 것이 중론이다. 제22차 국민보고대회에서는 단계적 특구 지정을 제안했다. 우선 우리나라에서 정체돼 있는 해양경제특구를 조속히 시행하는 것이 우선이다. 그 후에 부산-상하이, 부산-오사카 1대1 경제협력체 운영을 추진하고 장기적으로 한중일 통합, 두만강 하구 다국적 도시 편입 등을 추진할 수 있을 것이다. 두만강 하구는 의심의 여지가 없는 동북아의 전략적 요충지이다. 다국적 도시 개발에 적극적으로 참여해 우리나라의 미래를 대비해야 한다. 두만강 하구 개발은 우리나라에 특별한 의미를 갖는다. 경제와 산업적 가치 외에 한반도의 긴장 완화를 이루어 우리나라가 세계적 국가로 발돋움하는 데 이바지 하게 될 것으로 예상된다.

동북아 공동해양경제특구의 첫 단계인 해양경제특구는 항만을 기반으로 조선과 해양 플랜트 등 해양산업을 육성하는 특별지원제도이다. 해양수산부는 항만과 항만 배후단지 등을 해양경제특구로 지정해 항만을 중심으로 플랜트·조선·관광산업 등 다양한 해양 관련 산업 클러스터를 구축하고, 해양 지역에 투자하는 기업에 세제 혜택과 배후단

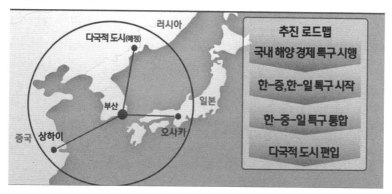

한·중·일·러 특구추진

추진 로드맵
국내 해양 경제 특구 시행
한-중,한-일 특구 시작
한-중-일 특구 통합
다국적 도시 편입

지 임대료 감면 등을 지원할 예정이다.

이 정책과 관련 부산과 호남지역이 해양경제특구 지정을 두고 경쟁을 벌이고 있다. 하지만 부산을 비롯한 항만 도시의 신 성장동력이 될 것으로 기대되고 있는 해양경제특구 도입에 대해 산업통상자원부와 기획재정부 등 유관 부처가 부정적인 의견을 피력하고 있어 지지부진한 상황이다. 기획재정부는 신규 입법 필요성에 의문을 제기하고 있으나 항만법 개정 등 현행법과 제도에 따라 정책 목표를 달성할 수 있을 것으로 보인다.

두번째 단계인 부산-상하이, 부산-오사카 경제협력체 구성도 가능성이 전혀 없지만은 않다. 부산의 경우 오래 전부터 일본 후쿠오카와 경제 교류를 해오고 있다. 이 같은 교류를 확대 발전시킨다면 한국-중국-일본 간 주요 해양도시의 협력체 구성도 어렵지만은 않을 전망

해양경제특구와 기존 유사제도 비교

구분	해양경제특구	경제자유구역	자유무역지역
지정주체	해수부장관, 시도지사	시도지사	산업통상자원부 장관
목적	해양산업 육성, 연관산업 연계 활성화	외국인기업의 투자 활성화	외국인 투자 유치와 무역진흥
인센티브	제조업 입주 허용, R&D 자금 지원, 법인세 등 조세 감면, 부담금 및 임대료 감면, 해외수주 지원	조세와 부담금 감면, 외투기업에 대한 국세와 지방세 감면	관세 등의 면제 또는 환급, 교통유발부담금 면제, 기술개발활동 지원

자료: 해양수산부

이다.

　2008년 10월 부산과 후쿠오카는 양 도시의 시장이 초 광역경제권 형성을 위한 공동선언을 발표하고, 실질적인 경제협력 방안을 모색하기 위한 협의체인 '경제협력협의회'를 창립한다고 발표했다.

　경제협력협의회는 양 도시의 시장과 상공회의소 회장, 연구기관장, 관광분야 기구의 책임자 등 경제 관련 기관장과 단체장 7명씩이 위원으로 참가하는 형식으로 구성된다. 협의회는 분기마다 정기회의를 갖고 초 광역경제권 형성을 위한 사항들을 심의, 결정하는 역할을 맡게 된다. 허남식 부산시장은 앞으로 '부산·후쿠오카포럼' 등 민간교류단체의 인사를 협의회 회원에 추가로 포함시키겠다는 의중도 내비쳤다.

　당시 허남식 부산시장은 "그동안 두 도시 간 초 광역 경제권 형성 논의는 선언적인 수준에 머물렀으나 앞으로는 경제협력을 위한 실질적인 논의가 진행될 것"이라며 "기업들 간에는 이미 많은 교류와 협력이 이뤄지고 있는 만큼 지방정부 차원에서 기업들의 애로를 해결해주는 역할을 하겠다"고 말했다.

부산과 후쿠오카의 초 광역경제권 형성 선언 이듬해엔 행정교류 20주년을 맞는 부산시와 일본 후쿠오카시가 직항로 확대와 공동 전자화폐 도입을 추진하는 등 초 광역경제권 형성을 위해 다양하고 실질적인 협력을 강화했다.

이 두 도시는 초 광역경제권 실행 과제를 마련했는데 실행 과제에는 두 도시에서 동시 사용할 수 있는 전자화폐 발행, 화상회의 시스템을 갖춘 경제협력사무소 설치, 교통수단을 이용해 마음대로 오갈 수 있는 패키지 티켓 발매 등이 포함돼 있다.

부산시는 초 광역경제권 형성을 성공적으로 진행시켜 두 도시 모두 세계 일류도시로 성장시켜 나가겠다는 의지를 피력했다. 장기적으로는 한국 동남권과 일본 규슈 지역을 연계해 인구 2,129만 명, 지역내총생산 5,616억 달러 규모의 대규모 경제벨트로 교류를 확대해나갈 계획도 밝혔다.

정부 차원에서도 일본과 경제 교류를 하고 있다. 산업통상자원부와 일본 규슈 경제산업국이 공동 주최하는 한·일(규슈)경제교류회의가 그것이다. 한·일(규슈)경제교류회의는 한국과 일본 규슈 지역의 자본·기술·인재 등 지역자원을 상호 보완해 무역·투자·산업기술 교류 확대와 지역 간 교류 촉진을 위해 열리고 있다. 1993년 일본 기타큐슈시에서 1차 회의 이후 매년 두 나라를 오가며 열리고 있다.

1992년 시작된 두만강 개발계획은 2005년 광역 두만강 개발계획으로 전환돼 현재까지 이어져 오고 있다. 두만강개발계획(TRADP, Tumen River Area Development Programme)은 두만강 하류를 중심으로 한 동북아지역의 교통·에너지·관광·환경 분야의 개발과 투자유치를 도모하기 위한 사업으로 1992년 유엔개발계획(UNDP)의 지원을 받아 출범했다. 이후 1995년 12월 두만강 접경국인 북한·중국·러시아와 비접경국인 남한·몽골이 '두만강권 지역개발'에 관한 협정을 체결함으로써 사업이 공식 추진됐다.

사업 지역 범위는 '북한 청진-중국 옌지-러시아 나홋카'를 연결하는 삼각지역이다. 국가별 거점을 정해 자체 개발을 하고, 외자유치를 통한 국제합작으로 지역발전을 이룬다는 계획에 따라 교통과 물류 인프라 구축, 경제특구 조성, 투자환경 개선에 중점을 두었다. 이를 통해 북한 나진과 선봉, 중국 훈춘, 러시아 나홋카 특구가 조성됐으나 경제력이 약한 북한, 중국, 러시아 위주로 추진돼 기대만큼의 성과를 거두지 못했다. 이후 두만강권 지역개발은 2005년 '광역두만강개발계획(GTI, Greater Tumen Initiative)'으로 전환됐다.

광역두만강개발계획은 사업 대상 지역을 한국 동해안 지역(강원, 경북, 울산, 부산), 북한 나선(나진과 선봉) 경제무역지대, 중국 동북 3성(랴오닝성, 지린성, 헤이룽장성)과 내몽고자치구, 러시아 연해주와

하바롭스크, 몽골 동부로 조정하고 확대했다.

2009년 중국이 이 사업을 동북 3성 개발계획과 연동해 중앙정부 사업으로 격상시키고, 중국과 러시아가 두만강 접경 지역의 운송 인프라스트럭처 확충에 적극적으로 참여하면서 활기를 띠었다. 하지만 2009년 11월 북한이 탈퇴함으로써 핵심사업인 교통과 물류 분야 협력에 차질이 생겼다. 2013년 6월에는 강원도 강릉에서 회원국과 일본, 캐나다, 미국 등의 500여 기업이 참가하는 'GTI 국제무역 투자박람회'가 개최됐다. 2013년 현재 북한을 제외한 4개 회원국과 1개 옵서버국(일본)이 광역두만강개발계획에 참여하고 있다.

이 사업은 동북아 지역 간 자원협력기반을 구축하고, 각국의 출구전략에 대응할 필요가 있다는 점에서 경제적으로 중요할 뿐 아니라 평화와 번영의 동북아 시대를 여는 계기로 작용할 수 있다는 점에서도 기대를 얻고 있다.

두만강 지역은 북한, 중국, 러시아 등 3국이 연접한 지역으로 동북아의 중심지(남한과 북한, 중국 동북부, 일본, 러시아 극동, 몽골의 중심부)다. 철도, 도로, 해상을 통해 5개국 연결이 가능한 교통 물류의 거점지역이다. 주변의 주요 항구(나진, 자루비노, 보스토치니 등)와 TSR 철도를 통해 유럽과 아시아의 연결이 가능하고 최근 지구온난화로 인해 북극의 빙하가 녹음에 따라 향후 북극항로의 거점 지역으로서 가능성도 크다.

두만강지역 개발계획이 부진한 이유는 투자자금 확보가 어렵고 두만강 개발의 중심부에 자리 잡은 북한 나진·선봉지역 개발이 정치 경제적인 이유로 지체되고 있기 때문이다. 낙후지역의 개발을 위해서는 막대한 개발 자금이 필요하지만 2000년대 초반까지 두만강 하구 개발에 가장 적극적이던 중국에서도 지방정부차원에서 사업이 추진됐고, 자금과 기술적인 우위를 가지고 있는 일본과 남한은 개발계획에 적극적인 관심을 보이지 않았다.

2000년대 초반까지 중국은 연해지역 중심으로 개발정책을 추진하고 있었으며, 러시아는 체제 전환 이후의 경제적 어려움으로 국가의 중심지에서 멀리 떨어진 극동지역에 투자할 여력이 없었다. 또한 한국과 일본은 북한의 경제난과 안보불안이 지속되는 가운데 두만강지역 개발계획에 적극적으로 참여하기를 주저할 수밖에 없는 상황이었다. 일본 정부는 관련국 정부 간 협의체를 만드는 과정에서 참여를 거절했다.

이와 같이 주변국의 이해관계가 달라 개발사업의 원동력을 마련하기 어려운데, 그럼에도 불구하고 북한은 외국자본을 끌어들이기 위한 투자환경 개선에 적극성을 보이지 않았다. 핵 미사일 개발로 인한 안보 긴장이 지속돼 민간기업의 참여가 제대로 이뤄지지 않은 것이다.

나진·선봉 경제특구는 임금수준과 토지관련 비용에서는 양호하다는 평가가 있었지만, 중앙정부의 과도한 행정적 간섭, 부족한 인프라, 남한대표단 파견 거부와 같은 남한 기업 투자자의 배제, 북·미관계의 긴장과 국제사회의 불신 등이 실패의 원인으로 지적됐다.

북한 내부적으로도 경제특구 개발에 따른 부정적 요소 확산을 경계하면서 나진·선봉자유경제무역지대의 정식 명칭에서 자유를 삭제하는 등 대외 개방에 대한 일관성 있는 정책을 유지하지 못했다. 특히 2000년 정상회담을 기점으로 개성공단 개발이 추진되고 북한 당국이 2002년 신의주를 경제특구로 지정함으로써 북한 내부와 외국인 투자자들의 나진·선봉지역에 대한 관심은 낮아졌다.

하지만 '북한 나선특구-중국 훈춘-러시아 포시에트'를 잇는 두만강 삼각주는 동북아시아의 물류허브로 발전할 잠재력을 지닌 황금의 삼각지대다. 이 때문에 우리 정부는 북한 동북지역 자유경제무역지대인 나진·선봉경제특구 개발 참여방안을 긍정적으로 검토키로 하고 나진 개발 참여에 대한 타당성을 조사하기로 하는 관심을 보이고 있다. 박근혜 대통령은 '나진-하산 프로젝트'에 대해 보고를 받은 뒤 종합적 검토를 지시한 것으로 알려졌다.

매일경제는 2035년 한반도 국내총생산(GDP)을 G10(주요 10개국)으로 끌어올리고자 제시한 북한경제개발 5개년 계획 중 하나인 '황금의 삼각지대 나선경제특구 개발'사업을 제안한 바 있는데 이것이 받아들여진 셈이다.

매일경제의 보도(2013년 8월28일자)에 따르면 우리 정부는 '나진-하산 프로젝트'를 위해 설립된 러시아와 북한 합작회사에 지분을 투자하는 방안을 조심스레 검토 중이다. 다만 지분 매입은 우리 정부가 아닌 국제기구인 GTI를 활용하는 방안이 유력하다. 국제사회 제재 논란을 피할 수 있을 뿐더러 국가 간 교차 검증이 가능해서다. 우리 정부는 우선 GTI를 통해 타당성 조사를 실시하는 것을 확정했다.

조사 결과 합격 판정이 내려지고 남북관계가 개선되는 추세에 따라 GTI에 나진-하산 프로젝트 신탁기금을 설정하는 것을 지원하는 방안 이다. 앞서 정부는 합작회사 러시아 소유 지분이 70%인데 이 중 40% 를 매입하는 안을 검토한 것으로 알려졌다. 이에 따라 향후 합작회사 지분이 한국 40%, 러시아 30%, 북한 30%로 지분 구조가 변경될 수 있는 대목이다. 나진-하산 프로젝트에 한국이 참여하면 한국, 북한, 러 시아 모두 이익이 될 수 있다.

- 국가 간 경제특구 사례: 2. 북미자유무역협정(NAFTA)과 남미공동시 장(MERCOSUR)

'북미자유무역협정(NAFTA)'은 미국·캐나다·멕시코 간 무역의 장애 요인을 제거하기 위한 자유무역협정이다.

한국해양수산개발원의 '한중일 FTA 결성이 해운항만산업에 미치 는 영향 및 대응전략(2005년)'에 따르면 NAFTA가 발효된 1994년 전 후의 역내 무역 비중 변화 추이를 볼 수 있다. 미국의 경우 1990년대 초 26~27%에서 근래에는 32% 내외로 증가했다.

미국의 대(對) 멕시코 무역비중은 협정 발효 전년도인 1993년에는 7.7%이었으나 10년이 지난 2003년에는 11.7%로 급격하게 높아졌다.

캐나다 역내 무역 비중도 1990년대 초 70% 내외였으나 2005년 전후에는 77~78%로 높아졌다. 특히 멕시코와의 무역비중은 1993년 1.2%에서 2003년에는 2.0%로 증가했다.

멕시코의 경우는 대(對) 미국 및 캐나다 무역비중이 각각 77%와 80% 내외로 큰 변화를 보이지 않고 있다. 멕시코의 경우 경제 규모가 상대적으로 작아 전체 무역액 증가율이 미국과 캐나다보다 높았기 때문으로 보인다.

미국의 GDP증가율(경제성장률)을 보면 NAFTA 이전인 1980~1993년 중에는 -0.5~3.8%(연평균 2.9%)이었으나 1994~2003년 중에는 0.8~4.5%(연평균 3.3%)로 높아졌다. 캐나다의 경우도 1980~1993년 중에는 경제성장률이 연평균 2.3%이었으나 1994~2003년 중에는 연평균 3.5%로 높아졌으며, 멕시코 역시 연평균 동기간 중 연평균 경제성장률이 2.2%에서 2.7%로 다소 높아졌다.

'남미공동시장(MERCOSUR)'은 남아메리카지역의 자유무역과 관세동맹을 목표로 결성된 경제공동체이다. 1980년대 브라질과 아르헨티나 두 나라의 경제협력 프로그램으로 출발했으며, 1991년 인접국 우루과이와 파라과이가 참여하고 파라과이에서 아순시온협약을 맺음으로써 성립했다. 1995년 정식 발효됐다.

1990년 4개 회원국의 총수출에 대한 역내수출의 비중은 8.9%였으나 1998년에는 25%까지 높아졌다. 특히 파라과이의 역내수출 비중은 1991년 35.2%에서 2000년에는 63.6%까지 높아졌다. 우루과이도

1991년 35.5%이던 역내수출 비중이 1998년에는 55.4%로 높아졌고, 아르헨티나와 브라질도 MERCOSUR 출범 이후 역내수출 비중이 이전에 비해 한때 2배 이상으로 급증했다.

그런데 2000년 들어서는 역내무역의 비중이 다시 감소하고 있다. 2003년 회원국들의 역내수출 비중은 11.7%로 1991년의 11.1%와 거의 비슷한 수준까지 후퇴했다. 이러한 역내교역의 전반적 위축은 1999년에 발생한 브라질 경제위기 이후 아르헨티나와 우루과이도 경제위기를 연이어 겪으면서 야기된 회원국들의 경기침체가 주요 요인으로 판단된다. MERCOSUR의 경제성장 촉진 효과는 불명확하며, 오히려 MERCOSUR 결성 이후 회원국들의 경제성장은 둔화된 것으로 나타나 시사 하는 바가 크다. 이는 1999년 브라질의 경제위기 여파가 아르헨티나, 우루과이, 파라과이로 확대됨으로써 전체 회원국의 경제위기로 발전했기 때문으로 분석된다.

4+4 오션그룹 협의체를 구성하라

동북아 공동 해양경제특구는 중장기적인 동북아 경제발전과 긴장완화를 위한 제언이다. 당장 실현 가능성이 낮다는 지적이 없지 않지만 최근 제안되고 있는 동북아 또는 아시아 경제협력과 일맥상통하고 있어 제안 실현을 위한 구체적인 전략이 뒷받침되면 불가능한 것도 아

224

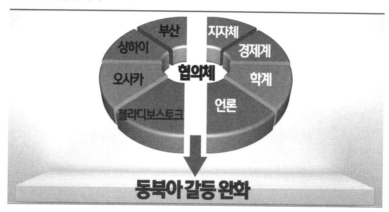

4+4 오션그룹 협의체

니다. 우리 정부가 국가 어젠다로 지정해 추진하는 것도 한 방법이다. 바다에서 미래 성장 동력을 찾으려 할 때 동북아 공동해양경제특구는 이를 위한 첫걸음이 될 수 있다.

매일경제 제22차 국민보고대회에서는 공동해양경제특구의 중간 단계로 '4+4 오션그룹 협의체' 구성을 제안했다. 동북아 4개국 주요 해양도시인 부산, 상하이, 오사카, 블라디보스토크의 4개 도시 지방자치단체, 경제계, 학계, 언론계 등 4개 주체가 협의체를 구성하자는 것이다. 협의체를 통해 각 주체들이 경제협력 증진과 도시 간 다양한 발전 방안을 연구한다면 동북아를 둘러싼 긴장과 갈등이 완화될 것으로 전망된다. 협의체를 구성하면서 경제적 공영을 도모하게 되면 중장기적으로 영유권 분쟁으로 갈등과 긴장을 겪고 있는 바다가 협력의 바다로 다시 태어날 수 있을 것이라는 청사진이다.

홍대순 ADL코리아 부회장은 "동북아 국가 간 경제적 상호 의존은 심해지고 있지만 정치, 안보 협력은 신뢰 부족으로 이에 미치지 못하고 있다"며 "정부가 적극적으로 해양경제특구와 오션그룹 협의체 등을 국가 어젠다로 만들어 추진해 나간다면 동북아 각 국가의 상호 신뢰를 통해 동북아를 둘러싼 긴장과 갈등도 완화될 것"이라고 밝혔다.

제22차 국민보고대회 참석자들의 말말말 ○ ○ °

....

윤증현 전 기획재정부 장관

이번 국민보고대회는 인상 깊었다. 오늘 국민보고대회에 나온 내용은 모두 미래지향적인 제안들이다. 특히 인천공항 외에 한국이 제2국제공항을 키울 필요가 있다. 크루즈 모항 아이디어도 인상적이었다.

김행 전 청와대 대변인

이번에 22차를 맞은 비전코리아 국민보고대회가 국가 발전에 풍부한 상상력을 제공해온 것을 잘 알고 있다. 이번에 제안된 오션 이니셔티브가 구체화된다면 박근혜정부가 추진하는 유라시아 이니셔티브와 맞물려 창조경제를 실현하는 힘찬 동맥이자 국민소득 3만 달러 시대를 앞당기는 청사진이 될 것이다.

김무성 새누리당 의원

부산시장 출마를 준비하는 사람들은 반드시 알아야 할 내용이다. 22차 국민보고대회 내용이 너무 좋아서 과거 매일경제에서 한 모든 국민보고대회 내용을 다 챙겨봐야겠다는 생각이 들었다.

서병수 새누리당 의원

대한민국은 지금까지 수도권 위주로 발전했다. 이번 국민보고대회에서 투트랙 전략을 제시한 것은 상당한 의미가 있다. 부산 지역은 항만과 육로는 제대로 돼 있고 공항만 안 됐다. 육해공 물류삼합인 '트라이포트'를 갖춰 그게 곧 국가 전체의 성장력을 키우는 동력이 돼야 한다.

박민식 새누리당 의원

그동안 부산 신공항 등을 지역이기주의로 폄하하는 시각이 많았는데 매일경제는 수도권 중심 사고에서 벗어날 수 있는 혁신적인 방안을 내놨다.

조경태 민주당 최고위원

항만도시 개발은 선진국 도약을 위해 꼭 필요한 사안이다. 국가 균형발전 시각에서도 매일경제의 제안은 바람직했다. 재정이나 인력 문제가 남은 과제이긴 하지만 역량을 잘 모으면 충분히 가능한 프로젝트인 만큼 외국 사례도 잘 벤치마킹했으면 좋겠다.

김충식 방송통신위원회 부위원장

국가 발전, 부산지역 발전을 위해 꼭 필요한 제안을 해줬다. 특히 해양관광을 위한 크루즈시티를 건설해 5조 원 가량의 국부가 늘어나는 등 구체적인 데이터를 바탕으로 한 제안들이 새롭게 느껴졌다.

홍상표 한국콘텐츠진흥원장

균형발전 차원에서 오늘 발표는 고무적이다. 한국의 미개척 분야가 해양이다. 다만 영남권 신공항 등 지역 이해관계가 달라 갈등이 예상되는데 이를 잘 풀어나가는 것이 중요한 것 같다.

김경환 국토연구원장

해양권 대도시들을 권역으로 묶어 시너지 효과를 극대화하는 방안이 필요하다. 부산의 도시경쟁력을 한 단계 업그레이드하기 위해서는 북항 재개발 사업과 함께 영화·컨벤션 산업도 발전시켜 물류에만 치우치지 않는 종합적 발전계획이 있어야 한다.

지자체

김석조 부산광역시의회 의장

오늘날 바다가 주도하는 21세기 메가트렌드를 읽어야만 우리는 미래를 더욱 힘차게 열어갈 수 있다. 이런 점에서 볼 때 이번 국민보고대회의 주제는 매우 시의적절하다고 생각한다. 무엇보다 이번 제22차 국민보고대회에서 채택한 '부산도시선언'은 동북아 해양물류중심도시, 메갈로폴리스 중추도시로서 우리 부산의 경쟁력 제고와 해양에 특화된 도시 발전을 위해 새로운 출발점이자 큰 힘이 될 것이다. 우리 부산은 글로벌 항만물류의 중심지이자 수산·조선·문화관광 등 해양환경과 관련 산업 인프라를 모두 갖춘 명실상부한 '해양도시'다. 바다에서 창조경제를 실현하는 블루 이코노미의 시대를 맞아 앞으로 부산은 물류와 항만을 중심으로 한 해양에 중점을 두고, 이를 통해 지역경제는 물론 국가 경제의 지속가능한 성장을 이끌어 나갈 것이다. 무엇보다 2013년 직할시 승격 50주년을 맞아 새로운 도시 패러다임 정립과 창조경제 실현을 위한 미래 성장 동력 마련이 절실히 요구되는 지금, 해양에 특화된 도시 발전을 담은 '부산도시선언'은 분명 우리에게 닥친 위기 극복은 물론 재도약의 돌파구가 될 것이라 생각한다. 이번 보고대회에서 제시된 비전과 전략이 범국가적인 어젠다가 되어 우리나라가 해양 중심의 창조경제시대를 누구보다 앞서 열어갈 수 있기를 기대해 마지않는다. 무엇보다 해양 중심의 창조경제의 중심에 우리 부산이 있다. 동북아시아의 관문도시로서 우리 부산은 이미 엄청난 지리적 이점을 갖추고 있다. 물론 제대로 준비를 하지 않는다면 우리 부산이 지닌 지리적 이점은 한낱 지도 위의 작은 점에 불과할지도 모른다. 물실호기(勿失好機)라는 말처럼 주어진 기회가 찾아오고 때를 만났을 때 최대한의 역량을 발휘하여 이를 제대로 활용할 줄 아는 지혜가 필요한 때다. 항만과 공항을 중심으로 육·해·공을 연결하는 '물류삼합'을 구축하기 위해서는 국가 차원의 관심과 지원이 절실하다. 부산시의회도 창의성과 비전을 가지고 실질적인 가치를 창조하는 메갈로폴리스 부산을 만들기 위해 앞으로 모든 역량을 모아나갈 것이다.

최석원 전 부산시장

부산이 해양도시로서 발전해야 할 방향을 제대로 제시했다. 다소 늦은 감이 있기는 하지만 지금이라도 제대로 된 방향을 잡아주어서 다행이라는 생각이 든다. 또한 정부 주도가 아닌 민간 주도의 움직임이 더 바람직하고 실천 가능성도 높다고 본다.

금융계

최수현 금융감독원장

해양은 이 시대 발전의 중요한 수단이다. 특히 이번 국민보고대회를 계기로 해양금융의 중요성을 다시 한 번 인식했다. 해양 분야가 지속적인 발전을 이룰 수 있도록 정부가 해양금융에 대한 지원을 많이 해야 한다.

김용환 수출입은행장

부산 지역의 선박, 물류 등 중심산업에 금융이 제대로 지원된다면 도약할 수 있는 발판이 될 것이다. 수출입은행을 중심으로 부산에 설치되는 해양금융종합센터를 통해서도 지원 방안을 강구해볼 것이다.

임종룡 NH농협금융지주 회장

항공·물류·해운 트라이포트라는 개념이 인상적이며 선언이 구체적이고 실현 가능성이 커 보인다.

김석 삼성증권 대표

은행·증권·보험 등 금융계 입장에서는 매우 환영하는 사안이다. 많은 투자 가능성이 열려 있다는 생각이 들었다. 말로만 할 것이 아니라 정부 후원 등을 통해 그 사업성이나 경제성을 심도 있게 분석해봐야 한다. 관련 내용은 충분히 실현 가능성 있는 이야기라고 생각한다. 다만 부산을 거점으로 선정한 것에는 정치적 배경이 있을 수 있지 않나 하는 생각도 들었다. 지리적 여건 상 중국과 인접해 있는 인천이 투자, 관광 유치 등 여러 면에서 유리하지 않을까 싶기도 하다.

이재우 보고 대표

도시 경제와 관련한 부분은 분명 좋은 얘기지만 실현가능성 측면에서 고민해봐야 하지 않을까 싶다. 특히 크루즈 관련 관광자원이 한국에 그만큼 있는지 찾아보고 충분히 개발해야 한다. 무엇보다 예산이 많이 들어가는 사업이라는 점을 당국자들이 잘 고려해줬으면 좋겠다.

기업

이인용 삼성그룹 미래전략실 커뮤니케이션팀장(사장)

굉장히 인상적이었다. 국민보고대회는 언론이 해야 할 역할에 대해 다시 한 번 생각하게 해준다. 기사는 짧고 몇 꼭지만 들어가지만 이런 국가 컨설팅 사업은 언론이 할 수 있는 또 다른 역할이라고 본다.

김교태 삼정 KPMG 대표

충분히 좋은 제안들이다. 다만 지금 다뤄진 내용들이 실제로 적용 및 구현될 수 있도록 여론을 형성하고 모니터링 하는 게 매일경제와 같은 언론의 역할이 아니겠나 싶다.

231

윤주식 한국해운홀딩스 대표

적절한 시기에 훌륭한 제안을 했다. 삼면이 바다인 우리나라는 더 많은 기회를 갖기 위해서라도 바다에 눈을 돌려야 한다.

성명기 이노비즈협회장(여의시스템 대표)

부산을 허브항으로 만든다거나 크루즈산업을 육성해야 한다는 제안은 매우 공감하는 부분이다. 우리 회원사는 매출액 100억 원에서 1,000억 원 사이의 알짜 중소기업인데 이들 중 해양 관련 비즈니스를 하는 기업을 만나면 오늘 공부한 내용을 널리 전파하겠다.

신정택 세운철강 회장(전 부산상공회의소 회장)

부산이 지향해야 할 과제가 모두 제시된 것 같다. 이제는 업계와 부산지역이 이 제안을 실현하기 위해 노력해야 한다. 부산이 한국의 제2도시 위상을 높이는 데 역량을 모아야 한다. 특히 신공항의 필요성이 제기된 것에 주목해야 한다. 부산이 발전하려면 대형 메이저 공항이 아니더라도 신공항은 반드시 필요하다.

조성제 부산상공회의소 회장(BN그룹 명예회장)

'원아시아 대변혁 오션 이니셔티브'를 주제로 한 매일경제의 제22차 국민보고대회는 동북아 해양수도를 꿈꾸는 부산에 신선한 충격과 또 다른 성찰의 계기가 되었다.

해양국가의 해양수도로서 부산이 추구해 나가야 할 비전과 전략을 체계적으로 제공했음은 물론이고 이를 정책과제로 연결시킴으로서 그 가능성도 함께 연잊을 수 없는 시간이었다.

부산에 소중한 선물을 준 매일경제에 진심으로 감사한다.

학계

남청도 한국해양대학교 교수

해양수산부에서 진행한 북극항로 시범운항에 동승했었다. 우리 정부가 바다의 중요성을 간과하고 있다는 지적에 공감하며 특히 부산을 물류허브로 육성하자는 제안에 동의한다. 늦은 감이 있지만 매일경제에서 해양의 중요성을 강조해준 것 같아 의미 있다고 생각한다.

하태영 한국해양수산개발원 항만수요예측센터장

부산 물류허브 육성이나, 크루즈시티 등은 기존에 나왔던 정책들을 잘 융복합해 새로운 방향을 제시했다는 느낌이 든다. 해양전문가지만 오늘 나온 제안들은 참신한 것이 많아 만족스러웠다.

과학기술계

금종해 고등과학원장

과학분야도 마찬가지다. 한국과 중국, 일본을 엮는 프로젝트가 필요하다. 동아시아의 지정학적 상황을 보더라도 한국이 중요한 역할을 할 수 있다. 오션 이니셔티브와 마찬가지로 기초과학 이니셔티브를 항상 생각했었다. 국가 단위로 뭔가를 진행하면 갈등요소가 커지기 마련이다. 한국이 일본과 중국의 가운데에 있는 만큼 일본의 동경대, 중국의 베이징대, 칭화대와 한국의 서울대, KAIST, 고등과학원 등이 힘을 합친다면 세계적인 교육 기관, 기초과학의 요람으로 성장할 수 있을 것이다. (일본과 중국이 사이가 좋지 않아) 한국이 주도할 수 있는 좋은 기회다. 고등과학원도 기초과학분야에서 이런 일을 할 수 있도록 준비해 나가겠다.

건설업계

박창민 한국주택협회장(현대산업개발 사장)

부산을 중심으로 하는 해안지역 개발은 꿈꾼 지 30~40년이 넘은 숙원사업이다. 매일경제의 제언을 계기로 이제는 본격적으로 추진해야 한다. 포항-목포까지 이어지는 해안벨트를 개발해야 한다. 건설사도 큰 사업기회가 생길 것이다. 규모가 큰 사업인 만큼 정부가 의지를 갖고 국책사업으로 진행해야 한다.

박상규 한국주택건설협회 상근부회장

미래 주도권을 잡기 위해 해양개발이 매우 중요하고, 우리나라에서 해양개발의 중심도시가 될 곳은 부산이다. 그런 의미에서 매일경제의 제언을 정부가 정책에 반영할 만하다.

법조계

정계성 김앤장 대표변호사

오늘 태평양 시대에 대해 막연하게 알고 있었던 것을 확실하게 인식하게 된 계기였다. 국민보고대회는 항상 올 때마다 많은 것을 느끼게 한다. 감사하다.

원아시아 대변혁

오션 이니셔티브

초판 1쇄 2014년 1월 30일

지은이 매일경제 오션 이니셔티브 프로젝트팀
펴낸이 성철환 **편집총괄** 고원상 **담당PD** 유능한 **펴낸곳** 매경출판㈜
등 록 2003년 4월 24일(No. 2 – 3759)
주 소 우)100 – 728 서울특별시 중구 퇴계로 190 (필동 1가) 매경미디어센터 9층
홈페이지 www.mkbook.co.kr
전 화 02)2000 – 2610(기획편집) 02)2000 – 2636(마케팅)
팩 스 02)2000 – 2609 **이메일** publish@mk.co.kr
인쇄 · 제본 ㈜M – print 031)8071 – 0961

ISBN 979 – 11 – 5542 – 083 – 6(03320)
값 14,000원